Die schönsten

Land- und Hofcafés

in Mecklenburg-Vorpommern

IMPRESSUM

Copyright © 2017 Cadmos Verlag GmbH, Schwarzenbek
Gestaltung: Cadmos Verlag GmbH, Anke Werner
Redaktion und Lektorat: Silvia Goics, Dr. Christine Schlitt

Druck: Graspo CZ, a.s., Tschechische Republik, www.graspo.com

Deutsche Nationalbibliothek – CIP-Einheitsaufnahme
Die Deutsche Nationalbibliothek verzeichnet diese Publikation in der Deutschen Nationalbibliografie;
detaillierte bibliografische Daten sind im Internet über http://dnb.ddb.de abrufbar.

Printed in Czech Republic
ISBN 978-3-8404-3035-0

BILDNACHWEIS

Coverfoto: fotolia_aporeiter

Fotos im Innenteil: S. 102 und S. 103 links Torge Niemann; S. 107 unten rechts und S. 124 paulusphotography

fotolia: S. 7 erstes links, S. 10, S. 74 und S. 75 Rudolf Ullrich; S. 36 crimson; S. 38 avtp; S. 95 pure-life-pictures

Shutterstock: S. 4 oben links mije_shots; S. 4 oben rechts Oliver Hoffmann; S. 5 oben links LianeM; S. 5 oben rechts
Ivonne Wierink; S. 6, S. 14, S. 30, S. 50, S. 72; S. 90 und S. 106 Artalis; S. 7 zweites links und S. 52 almgren;
S. 7 drittes links, S. 58, S. 92, S. 94, S. 96 und S. 108 LaMiaFotografia; S. 7 viertes links und S. 37 Jerry Bouwmeester;
S. 7 rechts unten und S. 96 Jule_Berlin; S. 8 Maya Kruchankova; S. 9 DigitalMagus; S. 11 und S. 93 bluecrayola;
S. 12 Chris Moody; S. 13 Sabine Schmidt; S. 16 Elpisterra; S. 17 chbaum; S. 18 MarclSchauer; S. 19 und
S. 35 sunfun; S. 20 Bildagentur Zoonar; S. 21 Gerhard Roethlinger; S. 32 dlaurro; S. 33 UbjsP; S. 39, S. 76 und
S. 113 travelpeter; S. 53 Balazs Justin; S. 54 guentermanaus; S. 55 Jana Behr; S. 56 Stefanie Dollase-Berger;
S. 59 rechts unten Nicku; S. 77 Mario7; S. 78, S. 109 und S. 112 Traveller Martin; S. 79 Juha Saastamoinen;
S. 80 ArTono; S. 81 oben Joerg Huettenhoelscher; S. 81 rechts unten Rudmer Zwerver; S. 97 oben und S. 110 ricok;
S. 97 rechts unten Bjoern Wylezich; S. 111 anyaivanova; S. 127 Tilo G

Die im Bildnachweis nicht aufgeführten Bilder wurden uns von den einzelnen Cafés zur Verfügung gestellt.

Die schönsten

Land- und Hofcafés

in Mecklenburg-Vorpommern

UNTERWEGS

Inhalt

Die Cafés auf einen Blick

REGION 6

REGION 3

REGION 1

REGION 2

REGION 4

REGION 5

Mecklenburg-Vorpommern

Blühendes Rapsfeld am Jasmunder Bodden auf Rügen.

Moin!

Die Zeremonie des Kaffeekränzchens mit einem ofenwarmen, hausgemachten Stück Kuchen und einem Pott Kaffee oder Tee in schöner Umgebung beschenkt uns mit einem Wohlgefühl der Behaglichkeit und Geborgenheit. Den einen oder anderen erinnert es vielleicht an alte Kindertage, wenn Mutter oder Großmutter frisch gebackene Köstlichkeiten auf den Tisch zauberte, von denen wohlige Düfte emporstiegen, die nach und nach das ganze Zimmer erfüllten. Weil man sich genüssliche Momente dieser Art unbedingt gönnen sollte, gibt es Reiseführer wie diesen.

Denn Hand aufs Herz: Was gibt es Schöneres, als sich auf Entdeckungsreise durch attraktive Städte oder wunderschöne Natur zu begeben und das Ganze mit kulinarischen Genüssen im Land- oder Hofcafé zu krönen?
Das Kreischen der Möwen, die markanten Schäfchenwolken über dem Meer, weiße Sandstränden, die grünen Weiten des Hinterlandes mit stillen Seen und tiefen Wäldern und das besondere Gefühl der Ruhe und Zeitlosigkeit machen Mecklenburg-Vorpommern zum idealen Ort, um neue Kräfte zu tanken, sich zu erholen, zu entschleunigen und einfach mal die Uhr zu ignorieren.
Begeben Sie sich auf eine wunderbare Entdeckungsreise im nordöstlichsten Zipfel

Das Radwegenetz der Region ist gut ausgebaut und eignet sich bestens für eine romantische Fahrt ins Blaue.

Deutschlands. Im Norden grenzt Mecklenburg-Vorpommern an die Ostsee, im Süden an Brandenburg und Niedersachsen, im Osten an Polen und im Westen an Schleswig-Holstein. Das Bundesland hat eine Gesamtfläche von 23 174 Quadratkilometer und ist damit flächenmäßig das sechstgrößte. Da gibt es so einiges zu sehen und zu erleben. Ob zu Fuß mit dem Wander- oder Pilgerstab, mit dem Fahrrad, dem Kanu, dem Auto, der Bahn oder dem Bus – die Region bietet für jeden Geschmack die passende Fortbewegungsart und Freizeitbeschäftigung.

Vor allem Natur- und Sportbegeisterte, aber auch Romantiker, Poeten, Künstler und Genießer werden Mecklenburg-Vorpommern in ihr Herz schließen. 21 Prozent der Gesamtfläche werden von Wald bedeckt und 5,5 Prozent des Gebietes sind mit Seen überzogen. Man kann sich die Vielzahl kaum vorstellen, aber mehr als 2000 Seen schmiegen sich in die von der Eiszeit geformte Landschaft der Mecklenburgischen Seenplatte. Die Küsten haben eine Länge von 1920 Kilometer, davon sind 370 Kilometer Außenküste. Auch für Geschichts- und Architekturinteressierte gibt es sehr viel zu sehen. Rund 30 Ruinen, etwa 250 herausragende Zeugnisse der Backsteingotik sowie rund 2200 Schlösser und Herrenhäuser befinden sich in Mecklenburg-Vorpommern. Eine solch hohe Dichte an Schlössern und Herrenhäusern ist in

Moin!

Der Feisnecksee in der Mecklenburgischen Seenplatte liegt am südöstlichen Stadtrand von Waren im Nordwesten des Müritz Nationalparks.

dieser Art in Deutschland und sogar in ganz Europa einmalig. Neun Radfernwege und 21 Radrundwege warten auf Pedalritter, die die Landschaft mit dem Mountainbike oder Stadtfahrrad erkunden möchten. Schnuppern Sie Seeluft, paddeln Sie auf der Peene, entdecken Sie das Land der tausend Seen, besuchen Sie die Landeshauptstadt Schwerin und genießen Sie die Ruhe der weiten Felder, Wiesen und Wälder mit all den Tieren, die es in der Luft, auf dem Land und im Wasser zu entdecken gibt, wie den seltenen Eisvogel, der im türkisblauen Federkleid mit etwas Glück auch an Ihnen vorbeihuscht. Nehmen Sie auf jeden Fall Ihre Kamera mit, um die schönsten Reiseerinnerungen und unvergessliche Naturaufnahmen festzuhalten. Besuchen Sie die berühmten Kreidefelsen auf Rügen und die Wiesen bei Greifswald. Schauen Sie sich die noch mittelalterlich anmutende Architektur Neubrandenburgs an und entdecken Sie beeindruckende Hünengräber, alte Eichen und kilometerlange Sandstrände am Meer. Das heutige Mecklenburg-Vorpommern wurde in den ersten Jahrzehnten des 19. Jahrhunderts zu einem Wallfahrtsort der Romantiker um Caspar David Friedrich, Philipp Otto Runge, Friedrich August von Klinkowström und Georg Friedrich Kersting. Noch immer lassen sich vielerorts die Spuren der großen Maler und die Originalschauplätze ihrer Bilder entdecken.

Weil das Ruhen und Rasten auf einer Reise mindestens ebenso wichtig ist wie das Erkunden, liefert Ihnen dieses Buch viele Inspirationen, wo Sie Ihre Verschnaufpausen einlegen können. Es präsentiert Ihnen eine Auswahl liebevoll geführter Cafés, in denen es hausgemachte Kuchen und Torten an wunderschönen, urigen, meist sehr naturnahen Plätzen gibt. Ob in einer alten Schmiede, in einem ehemaligen Schulhaus, in einem einstigen Schaf- oder Pferdestall, in einer Scheune, im Pfarrgarten, im altehrwürdigen Schloss mit eigener Kaffeerösterei oder auch an ganz unerwarteten Plätzen wie in einem Möbelgeschäft sind die Cafés zu finden. Schlendern Sie durch Hofläden, entdecken Sie regionale Köstlichkeiten und Kunsthandwerk. Viele der Hofcafés bieten nämlich solche Extras wie Läden und große Kräutergärten, aber auch ein buntes Kultur- und Erlebnisprogramm aus Konzerten, Kunstausstellungen, Kino im Ohrensessel oder einen Streichelzoo für die kleinen Gäste. Einige der Cafés haben auch Ferienwohnungen und Pensionen für den Fall, dass Sie noch ein bisschen länger bleiben möchten.

Zur besseren Übersicht finden Sie die Land- und Hofcafés in sechs Regionen eingeteilt. Die erste Region widmet sich der „Ostseeküste", die zweite „Westmecklenburg und Schwerin", dann folgt die dritte Region der „Mecklenburgischen Schweiz", an vierter Stelle die „Mecklenburgische Seenplatte", als fünftes „Vorpommern und die Boddenküste" und an sechster Stelle die Inseln und Halbinseln „Rügen, Usedom und Fischland-Darß-Zingst". Eine Einführung am Anfang des jeweiligen Kapitels gibt einen Überblick über die Sehenswürdigkeiten und Besonderheiten der jeweiligen Region sowie Tipps zu Ausflugszielen und Aktivitäten. Danach folgen die Porträts der Hofcafés mit Informationen zu Öffnungszeiten, Größe des

Die markanten roten Backsteingebäude prägen die Region, hier sieht man die Kirche in Prerow.

Moin!

Bei einer Paddeltour auf den Flüssen begegnet man sympathischen Gesellen wie diesem Biber.

Cafés, Anfahrt, Extras vor Ort, Übernachtungsmöglichkeiten oder Sehenswertem in der Umgebung.

Alle sechs Regionen haben ihren eigenen, ganz besonderen Charme. Bereisen Sie die Küste und das zauberhafte Hinterland und wandern oder fahren Sie durch unberührte Naturparadiese aus Wäldern, Wiesen und Seen. Besuchen Sie viele hübsche Plätze und freuen Sie sich auch auf die Menschen, die Sie im Türrahmen altehrwürdiger Backsteinfassaden und hinter einstigen Stalltüren im Café willkommen heißen. Viele der Besitzer und Besitzerinnen haben sich mit der Eröffnung ihres Cafés einen Lebenstraum erfüllt und wissen oft abenteuerliche Dinge über die Restaurierung und die

Geschichte des jeweiligen Gebäudes zu berichten. Genießen Sie das Gefühl, bei Menschen einzukehren, die das, was sie tun, aus purer Leidenschaft machen. Die meisten Cafés legen auf Nachhaltigkeit Wert und verwenden biozertifizierte und regionale Zutaten und Lebensmittel. Die Caféauswahl reicht von kleinen, liebevoll geführten Familienbetrieben in entlegenen Winkeln, abseits von Straßenlärm und Hektik, bis zum gediegenen, etwas größeren Schlosscafé auf dem Land. Lassen Sie sich von der Vielfalt der Cafés inspirieren und freuen Sie sich auf die besondere Herzlichkeit der „Nordlichter". Schlemmen Sie hausgemachte Spezialitäten, die entweder selbst kreiert sind oder aus dem alten

Die Ostseeküste auf der Insel Rügen hat wunderschöne Panorama-Ansichten zu bieten.

Rezeptbuch der Großmutter stammen. Ob Klassiker wie Obstkuchen mit Streuseln oder ganz ungewöhnliche, modernere Kreationen wie Erdbeer-Basilikum-Pfeffer-Torte – Sie werden ganz gewiss fündig. Auch köstliche Eis- und Limonadensorten, Wildkräuterspezialitäten und rohvegane Tortengenüsse gibt es in Meckpomm, wie die Einheimischen ihre Region liebevoll nennen, zu erleben. Liebhaber des deftigen Geschmacks werden in den Land- und Hofcafés ebenfalls satt und glücklich. Ob rustikale Wurstspezialitäten, deftige Soljanka, Fisch- und Schmalzbrote, Anklamer Bockwurst oder Kartoffelsalat, die Cafés bieten immer auch deftige Bissen an. Lassen Sie dieses Buch zu einem guten Freund und Reisebegleiter werden, der Ihnen den Weg zu urigen Hofcafés, idyllischen Plätzen in der Natur und beeindruckenden Kulturstätten des Landes Mecklenburg-Vorpommern weist.

Viel Spaß auf Ihrer Entdeckungsreise durch Meckpomm!

Moin!

Ostseeküste

Mecklenburger Bucht

Lübecker Bucht

Rostock

Wismar

Waldcafé Meyers Hausstelle

1   22

Meyers Hausstelle 1
18182 Rostock
Tel. 038201 77630
Mobil 0173 6306281

Saßö Café und Hofladen

3   26

Dorfstraße 16
23974 Nantrow bei Wismar
Tel. 038426 227997

Gartencafé brandtgrün

2   24

An der Kirche 6
23936 Börzow/Stepenitztal
Tel. 03881 715730

Alte Büdnerei

4   28

Doberaner Landweg 8
18225 Kühlungsborn
Tel. 038293 12839
Mobil 0151 7061188

Der Teepott und der Leuchtturm auf Warnemünde.

Der gesamte Norden des Bundeslandes Mecklenburg-Vorpommern wird von einer wunderschönen Küstenregion gesäumt. Sie erstreckt sich vom Klützer Winkel (Nähe Grevesmühlen) ganz im Nordwesten der Region bis zur östlichsten deutschen Hafenstadt Ueckermünde am Stettiner Haff ganz im Nordosten von Mecklenburg-Vorpommern. Dieses Kapitel umfasst die Ostseeküste vom Klützer Winkel über die Städte Wismar, Bad Doberan und Rostock. Mit der Bodden- und Haffküste von Ribnitz-Damgarten bis Ueckermünde beschäftigt sich das Kapitel „Vorpommern und Boddenküste". Auch die großen Inseln und Halbinseln „Rügen, Usedom und Fischland-Darß-Zingst" werden in einem gesonderten Kapitel näher betrachtet.

Alle Baderatten, die es lieben, sich in den erfrischenden Fluten des Meeres zu vergnügen, sind an der Ostseeküste goldrichtig aufgehoben. Das Handtuch und die Badehose gehören bei einem Sommerurlaub in der Region zu den wichtigsten Utensilien im Reisegepäck. Kilometerlange feine Sandstrände verführen die Besucher zum Schwimmen, Ausruhen und Herumtollen im Sonnenschein. Am Abend verwandeln sich die Strände in romantische Schauplätze mit atemberaubenden Sonnenuntergängen. Aber auch zu allen anderen Jahreszeiten ist die Region ein wunderschönes Urlaubsziel, das die Besucher mit hanseatischem Charme und maritimem Flair in Entzücken versetzt. Entdecken Sie die berühmten Ostseebäder Heiligendamm und Boltenhagen mit ihrer beeindruckenden Bäderarchitektur und den breiten Sandstrand von Warnemünde. Doch nicht nur das Meer, auch die uralten Baumalleen, die weiten Felder, die prächtigen Schlösser und Herrenhäuser, die pittoresken Häfen und die erhabenen Bauten der Backsteingotik in den Städten und Dörfern machen die Region so besonders liebenswert. Sportbegeisterte können sich hier bei besten Bedingungen austoben. Surf- und Segelschulen reihen sich an der Ostseeküste dicht aneinander. Das gut ausgebaute Radwegenetz hat sowohl anspruchsvolle Touren durch das Hügelland der Kühlung als auch gemütliche Familientouren zu bieten, z. B. durch den Gespensterwald im Ostseebad Nienhagen mit bizarr geformten Bäumen. Golfer genießen im Ostsee Golf Resort Wittenbeck den Blick auf das Meer, und Wanderer lassen sich die Seeluft um die Beine wehen.

Zu den beliebtesten Städten an der Ostseeküste gehören Rostock und Wismar. Mit rund 200 000 Einwohnern ist Rostock die größte Stadt in Mecklenburg-Vorpommern und eine der bedeutendsten Hafenstädte der Region. Riesige Frachtschiffe liegen hier vor Anker. Hinter den Docks und Werften gibt es ein buntes Großstadttreiben zu entdecken. Bummeln Sie durch das Stadtzentrum, flanieren Sie durch die Einkaufsstraßen, vorbei an farbigen Giebelhausfassaden und den imposanten Gebäuden der Backsteingotik wie der mächtigen Marienkirche mit der astronomischen Uhr. Ebenfalls sehr beliebt sind Kajakfahrten auf der Unterwarnow, wo es mit etwas Glück sogar Seeadler und Eisvögel zu sehen gibt. Rund 4500 Tiere, vom Eisbären bis zum Seepferdchen, leben im Rostocker Zoo. Die naturnah gestalteten Anlagen sind in eine wunderschöne Parklandschaft eingebettet. Dort wohnt auch der kleine Eisbär Fiete, Knuts Halbbruder, der 2014 im Rostocker Zoo geboren wurde. Wer Rostock vom Wasser aus erleben möchte, macht sich auf zum Stadthafen. Von dort aus starten Schiffstouren. Auf einer einstündigen Hafenrundfahrt entlang der Warnow geht es in das Seebad Warnemünde. Dort sollten Sie unbedingt

Markante Schreie – in der gesamten Küstenregion sorgen Möwen für eine charmante Geräuschkulisse.

nach den „Ferry-Wave-Surfern" Ausschau halten. Den witzigen Wassersport haben sich die Surfer in Warnemünde ausgedacht. Dabei nutzen sie die von der Fähre erzeugten Wellen für ihre Zwecke und reiten auf der weißen Gischt gen Ufer. Gleich mehrmals am Tag verwandelt sich Warnemünde dank der Fähre in „Warnefornia". Der feine, fünf Kilometer lange Sandstrand ist ein weiteres Highlight für Groß und Klein. Wer sich für Segelschiffe interessiert, sollte das Seebad Warnemünde in der ersten Juliwoche besuchen. Dann findet dort nämlich die „Warnemünder Woche" statt, eine der größten internationalen Segelsportveranstaltungen Deutschlands: Rund 2000 Segler aus rund 30 Nationen und mehr als 650 000 Besucher treffen sich jährlich in Warnemünde zu hochrangigen Segel- und Surfwettbewerben.

Der Gespensterwald in Nienhagen präsentiert bizarr geformte Bäume.

Der Hafen in Wismar.

Ein weiteres, sehr beliebtes Event ist die „Hanse Sail" Rostock, die jährlich am zweiten Augustwochenende stattfindet. Auf der riesigen maritimen Weltausstellung gibt es Traditionssegler, Museumsschiffe, Kreuzliner, Fähren und Schiffe der Marine zu sehen. Als Zuschauer oder Mitsegler auf einem der traditionellen Schiffe lässt sich das Abenteuer Seefahrt hautnah erleben. Rund eine Million Besucher strömen jährlich zur „Hanse Sail".

Fans der aktiven Erholung sei der Küstenwald Rostocker Heide ans Herz gelegt. Das Naturparadies liegt direkt am Wasser und verzaubert die Gäste mit jahrhundertealten Bäumen und Windflüchtern – der perfekte Platz zum Radeln, Wandern und Reiten.

Nur 60 Kilometer von Rostock entfernt liegt die Hansestadt Wismar. Die idyllische Altstadt ist schön grün und präsentiert wunderschöne Backsteinbauten. Wer die Stadt besucht und sich erst einmal einen Überblick verschaffen möchte, steigt am besten auf den Turm der Kirche St. Georgen, die im Stil der norddeutschen Backsteingotik errichtet wurde. Oben gibt es eine Plattform, von der aus man eine wunderschöne Aussicht über die grüne Altstadt Wismars und die Wismarbucht genießt. Mit dem Blick auf die altehrwürdige Stadt lässt sich sofort nachvollziehen, warum die UNESCO Wismar 2002 zum besonders schützenswerten Weltkulturerbe erklärt hat. Die gesamte Hansestadt ist ein eindrucksvolles Beispiel für die monumentale Architektur der Backsteingotik.

Eine Perle der norddeutschen Backsteingotik ist das Münster in Bad Doberan.

Eine schöne Spazierstrecke gibt es entlang des Wasserlaufs Grube, dessen Ufer von viel Grün und alten Fachwerkhäuschen gesäumt wird. Der Weg führt zum alten Ostseehafen. Dort gibt es leckere Fischbrötchen, die direkt vom Kutter verkauft werden. Besuchen Sie auch die Kogge „Wissemara". Dabei handelt es sich um den exakten Nachbau eines Wracks, das einst vor der Insel Poel gefunden wurde. Auf dem Schiff lassen sich Segeltörns, Rundfahrten und mehrtägige Exkursionen buchen. Von Wismar kann man auch tolle Radtouren entlang der Ostsee bis zum Seebad Boltenhagen oder zur schönen Insel Poel unternehmen. Das Radwegenetz der Insel ist sehr gut ausgebaut und führt entlang der Küste durch Salzwiesen und Rapsfelder. Wer eine Zeitreise in die Vergangenheit unternehmen möchte, besucht das Dorf Mecklenburg. Es liegt ganz in der Nähe von Wismar. Einst stand hier die gleichnamige Burg. Die Burg Mecklenburg wurde zum Namensgeber für die Landschaft Mecklenburg und für das Land Mecklenburg-Vorpommern. Leider ist von der Burganlage aus dem siebten nachchristlichen Jahrhundert nichts mehr erhalten. Nur ein Denkmal erinnert heute noch an die frühere Festung.

Ein weiteres empfehlenswertes Ausflugsziel zwischen Rostock und Wismar ist die Stadt Bad Doberan, in der sich ein wunderschönes gotisches Münster befindet. Die Altstadt mit den vielen Baudenkmälern ist sehr gut erhalten. Bad Doberan ist berühmt für den Stadtteil Heiligendamm, in dem sich das älteste See-

Der Norden hat idyllische Landschaften zu bieten. Diese Windmühle steht in Boiensdorf am Salzhaff.

bad auf dem europäischen Kontinent befindet. Es wurde 1793 gegründet. Als der mecklenburgische Großherzog Friedrich Franz I. gemeinsam mit seinem Leibarzt erkannte, dass das Baden in der Ostsee eine positive und heilsame Wirkung auf die Gesundheit hat, legte er mit dem ersten Seebad Heiligendamm den Grundstein für die Badekultur am Meer. Mit der Bäderbahn Molli können Besucher zwischen dem Stadtzentrum Bad Doberan, dem Seebad Heiligendamm und Kühlungsborn hin und her fahren. Kunstinteressierte sollten einen Abstecher in die Stadt Schwaan einplanen, die sich etwa 20 Kilometer südlich von Rostock befindet. Das Städtchen ist sehr idyllisch gelegen in einer malerischen Umgebung aus Wiesen und bewaldeten Hügeln.

Ein Quell der Inspiration! 1890 gründeten die vier Künstler Franz Bunke, Rudolf Bartels, Peter Paul Draewing und Alfred Heinsohn hier die einzige mecklenburgische Künstlerkolonie. Im Gebäude der alten Wassermühle ist eine Dauerausstellung zu sehen, die durch regelmäßig wechselnde Ausstellungen ergänzt wird. Insbesondere die Landschaftsmalerei steht hier im Fokus.
Ebenfalls zu empfehlen ist ein Abstecher in das Gebiet zwischen Wismar und Lübeck. Im Klützer Winkel gibt es das Schloss Bothmer, die größte erhaltene Barockanlage Mecklenburg-Vorpommerns, und das gediegene Ostseebad Boltenhagen zu erleben. Auch die Städte Schönberg, Dassow, Grevesmühlen und das Landschaftsschutzgebiet Lenorenwald sind einen Besuch wert.

Adresse

Meyers Hausstelle 1
18182 Rostock
Tel. 038201 77630
Mobil 0173 6306281
info@meyers-hausstelle.de
www.meyers-hausstelle.de

Öffnungszeiten

April, November und Dezember:
An Wochenenden und
Feiertagen 10 bis 18 Uhr
Mai bis Oktober:
Do bis Mo 10 bis 18 Uhr
oder nach Vereinbarung

Plätze

32 Caféplätze und 50 Plätze im
Wintergarten, 100 Außenplätze

Anfahrt

Mit dem Auto über die B105

Waldcafé
Meyers Hausstelle

Mit einer Gesamtfläche von etwa 6000 Hektar ist die Rostocker Heide der größte geschlossene Küstenwald Deutschlands und ein grünes Paradies für Wanderer, Radfahrer und Reiter. Da kommt eine Oase wie das Waldcafé & Biergarten Meyers Hausstelle doch gerade recht, um den müden Beinen eine Pause zu gönnen. Es befindet sich im äußersten Osten der Hansestadt Rostock unmittelbar an der Grenze zum Gemeindegebiet von Gelbensande in den ausgedehnten Waldgebieten der Rostocker Heide. Das heutige Café, ein grundsaniertes und teils neu errichtetes Fachwerkgebäude, war einst eine Zollstation und wurde 1513 erstmals erwähnt. Das gesamte Gehöft steht auf der Rostocker Denkmalliste. Auf dem „Futter- und Getränkeplan" werden Köstlichkeiten wie Streuselkuchen mit Saisonfrüchten, diverse Torten und selbst gemachtes Eis angeboten. Dazu gibt es einen Pott Kaffee oder Süßlupinenkaffee, kühles Bier und diverse Weine. Auch herzhafte Leckerbissen wie Wildgerichte, Soljanka oder Bockwurst stehen zur Auswahl. Das Café

und Gelbensande
Mit dem Fahrrad/Kremser oder wandernd durch die Rostocker Heide von Rostock, Warnemünde, Graal-Müritz und den Ribnitzer Forst von Ribnitz-Damgarten und Fischland-Darß.

Extras

- Ausrichten von Feierlichkeiten, auf Wunsch auch gern mit Musik und Unterhaltungsprogramm
- Organisation von Kremserfahrten, Picknick im Wald
- Wechselndes Programm mit Ausstellungen, Lesungen, Konzerten
- Mehrgängemenüs nach Absprache
- Kaffeetafel, auch außerhalb der Öffnungszeiten
- spezielle Wünsche nach Absprache
- Hofladen mit kulinarischen Spezialitäten

Übernachtung

Vermittlung eines Übernachtungsplatzes im Umkreis von bis zu 5 km

Sehenswertes in der Umgebung

- Ostsee und die Rostocker Heide
- Freilichtmuseum Klockenhagen
- Jagdschloss Gelbensande
- Köhlerhof Wiethagen
- Naturschatzkammer Neuheide

verwendet fast ausschließlich biozertifizierte Zutaten. Die Inhaber Sylke und Volker Kufferath lieben es natürlich: „Wir verwenden keine industriellen Lebensmittel und keine Fertigprodukte. Wir kochen und backen grundsätzlich alles selbst. Es gibt Suppen, Wildgerichte, verschiedene Zubereitungen von unseren Zwergzebus, einer kleinen urwüchsigen Rinderrasse mit sehr leckerem Fleisch, aber auch Eis, Torten und Kuchen." Nach der Stärkung im Waldcafé ist noch so einiges auf dem Hof zu entdecken. Der Komplex ist nämlich auch gleichzeitig ein traditionell bewirtschafteter Bauernhof mit vielen Tieren. Zebus, Enten, Gänse, Ziegen, Schafe, Hühner und Schweine leben ebenfalls auf dem Hof. Wer noch auf der Suche nach einem Mitbringsel für die Lieben daheim ist, kann im hauseigenen Hofladen vorbeischauen. Neben Fleisch- und Wurstwaren können dort auch Eier, Weine, Marmeladen und Gelees, Keramikwaren, Honig aus der Region und Gebäck erworben werden. Auch Kunst und Kultur gibt es auf dem Hof zu erleben. Regelmäßig finden wechselnde Konzerte, Theateraufführungen, Autorenlesungen, Lyrikabende und Ausstellungen im Bier- oder Wintergarten statt. Informationen zum Kulturprogramm finden Interessierte auf der Internetseite des Cafés.

 **Gartencafé brandtgrün**

Adresse

An der Kirche 6
23936 Börzow/Stepenitztal
Tel. 03881 715730
brandt.kraeuter@gmail.com
www.brandtgruen.de
www.alge-vegan.de/boerzow

Öffnungszeiten

Mitte März bis
Anfang Oktober:
Sa und So 13 bis 18 Uhr
Aktuelle Daten unter
www.brandtgruen.de

Dass gesunde Kost so richtig lecker ist, weiß man spätestens nach einem Besuch bei Kristin Brandt, die im Nordwesten von Mecklenburg ihr gemütliches Biobistro und Gartencafé brandtgrün betreibt. Die Besucher genießen frisches, hochwertiges Essen in natürlich-romantischer Atmosphäre. Neben altbewährten Torten, hausgebackenem Kuchen, Kaffee und einer großen Teevielfalt aus besten Zutaten wird auch Rohköstliches aus einer wilden, veganen Küche angeboten. Dazu gehören neben frischen Smoothies, Grassaft und Blütenauszügen Rohkosttorten, leckere Wildkräutersalate und Algentatar. Hier können Gäste nach Herzenslust schlemmen und gesund und reuelos sündigen. Je nach Saison wird zubereitet, was der zwei Hektar große Biogarten und die Wiese gerade zu bieten haben. Die Zutaten werden dann feld- und wiesenfrisch direkt verarbeitet. Beim Probieren der bunten Gerichte wird dem Gast schnell bewusst: Rohköstlich essen heißt nicht nur gesund, sondern vor allem auch genussvoll essen.

Das Café befindet sich in einem idyllischen ehemaligen Pfarrgarten und diente in der Vergangenheit dem Kirchdorf als Backhaus. Die uralten Bäume, die Weitläufigkeit des Gartens und die himmlische Ruhe machen diesen Platz so besonders. Neben dem Café gibt es hier auch eine biologisch geführte Kräutergärtnerei mit integrierter Garten- und Baumschule, in der Kräuter, Heilpflanzen, Gemüse und Obst gedeihen. Die Inhaberin legt dabei auf eine biologische, ganzheitliche und umweltgerechte Produktionsweise Wert. Im Grünen auf der Terrasse im Sonnenschein kann man wunderbar entschleunigen und zur Ruhe kommen. Die Aussicht auf mümmelnde Häschen und glückliche Hühner auf der Wiese gibt es inklusive. Nach dem Schlemmen können die

Besucher in der Gärtnerei und im Hofladen stöbern und eine kleine Auswahl eigener biologischer Produkte wie Wein und Tee entdecken. Zu lernen gibt es bei Kristin Brandt auch so einiges. Sie gibt Seminare und Workshops wie die zweistündige Wildkräuterwanderung „Pure Lebenslust", bei der sie den Teilnehmern das alte Wissen über Heilpflanzen näherbringt. Auch bei Fragen zur Planung und Gestaltung von Gärten steht Kristin Brandt jedem Interessierten zur Seite. „Es geht darum, den Garten lebendig, zweckmäßig und heilend zu gestalten und dabei nicht den Nutzen zu vernachlässigen. Hinzu kommt noch ein Hauch von Nostalgie, und schon können Sie in Ihrem Garten ausruhen und träumen", sagt die Expertin mit der grünen Seele.

Plätze
30 Plätze

Anfahrt
Mit dem Auto: A20 bis Schönberg und dann weiter nach Börzow oder A20 Abfahrt Grevesmühlen, dann auf der B105 Richtung Lübeck bis Börzow. Parkplatz auf dem Dorfplatz nutzen. Das Café liegt versteckt am Ende der Straße hinter dem ehemaligen Pfarrhaus. Parken ist dort nur begrenzt möglich.

Extras
• Rohe und vegane Gerichte
• Hofladen mit eigenen biologischen Produkten
• Seminare und Workshops in der Biokräutergärtnerei mit Wildkräuterwanderungen
• Pflanzenverkauf
• Pfarrgarten zum Verweilen

Sehenswertes in der Umgebung
• Börzow mit Dorfkirche
• Hanse- und Pilgerweg
• Grevesmühlen

Gartencafé brandtgrün

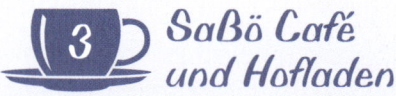 **SaBö Café und Hofladen** 3

Adresse

Dorfstraße 16
23974 Nantrow bei Wismar
Tel. 038426 227997
info@saboe-hof.de
www.saboe.de

Öffnungszeiten

Ganzjährig
täglich 10 bis 18 Uhr
(auch an Feiertagen)
Betriebsferien
23. Dezember bis 31. Januar

Plätze

63 Innenplätze
65 Außenplätze

Tortenliebhaber kommen im Café SaBö auf ihre Kosten: Ob Ananas-Sahnetorte, Baiser-Stachelbeertorte, Kirschcreme-Marzipantorte oder doch lieber Mandel- Karamell-Torte, Mecklenburger Torte, Moor-Torte, Pfirsich-Schmandtorte oder Sanddorntorte – angesichts des überwältigenden Angebots fällt die Entscheidung schwer. Genießen können die Gäste die süßen Versuchungen in dem rustikal mit antikem Mobiliar eingerichteten Café. Im Sommer sitzen die Gäste im Garten, im Winter kann man es sich rund um den knisternden sechseckigen Kamin im Café gemütlich machen. Neben dem Tortenbufett bietet das Team rund um Ruth Sandmann-Böckmann und Bernd Sandmann auch herzhafte Speisen an. Dabei kommen vor allem hofeigene Wurstspezialitäten auf den Tisch. Während der Spargelzeit wird das Angebot durch Spargel aus eigenem Anbau mit Kartoffeln und Schinken aus Hofschlachtung erweitert. Ab 1. Oktober gibt es auf Vorbestellung Entenbraten mit leckerer Füllung aus Äpfeln und Rosinen und ab 1. November Grünkohl mit deftiger Lungenwurst und Kassler sowie Bratkartoffeln.

Anfahrt

Mit dem Auto
B105 nach Nantrow, ca.
150 m nach dem Ortseingang
nicht der Linkskurve folgen,
sondern geradeaus,
der Hof folgt nach 30 m.

Extras

- Spargel-Essen während
  der Spargelzeit
- ab 1. Oktober Enten-Essen
  (Voranmeldung)
- ab 1. November
  Grünkohl-Essen
- Familienfeiern, Weihnachtsfeiern, Kaffeefahrten
- Führung im Rotwildgehege

Übernachtungs-
möglichkeit

Ferienwohnung für
4 Personen auf dem Hof

Sehenswertes
in der Umgebung

- Altstadt und Hafen
  von Wismar
- Ostseebad Kühlungsborn
- Ostseebad Rerik
- Insel Poel

Die hofeigenen und zusätzlich regionale Produkte können Besucher im Hofladen kaufen. Im Angebot befinden sich Wurstspezialitäten, Eier von freilaufenden Hühnern, frisch gebackenes Brot, Spargel, Gelees und Konfitüren, Fleisch (an den Schlachttagen frisch auf Bestellung oder tiefgefroren), Käse, Honig, Sanddornprodukte und vieles mehr. Kinder können sich draußen auf dem Spielplatz austoben oder die zahlreichen Tiere auf dem Bauernhof besuchen. Neben Schafen, Pferden, Schweinen und Hühnern gehören auch zwei Katzen, ein Hund, Skotti, der Pfau, und Marie, das Minischwein zu den Hofbewohnern. Und als besondere Attraktion beherbergt der SaBö-Hof neben den klassischen Bauernhoftieren ein großes Rotwildgehege.

SaBö Café und Hofladen

 **4** **Alte Büdnerei**

Adresse

Doberaner Landweg 8
18225 Kühlungsborn
Tel. 038293 12839
Mobil 0151 7061188
kristin.poppinga@t-online.de
www.altebuednerei.de

Öffnungszeiten

1. April bis 31. Oktober:
Mo bis Do 10 bis 18 Uhr,
Fr bis So 12 bis 18 Uhr
In der Nebensaison täglich
12 bis 18 Uhr

Plätze

12 Innenplätze
18 Außenplätze

Die Alte Büdnerei, am Ortsrand des Ostseebades Kühlungsborn gelegen, betreibt Kristin Poppinga seit 2013 als Familienbetrieb. Das 1905 erbaute kleine Anwesen beherbergte in früherer Zeit, wie es für Büdnereien typisch war, Wohnhaus, Stall und Scheune unter einem Dach. Heute finden Gäste dort ein heimeliges Café mit einem neu gestalteten Wintergarten, der einen herrlichen Blick auf die Kühlung, einen 130 Meter hohen bewaldeten Höhenzug, freigibt. Im Sommer finden Besucher im urwüchsigen Garten der Büdnerei lauschige Plätzchen mit atemberaubendem Ausblick auf die Naturlandschaft. Kleine Gäste sind von den tierischen Bewohnern des Hofs begeistert. Pferde, Hühner und Katzen können dort bestaunt werden. Die Alte Büdnerei verwöhnt ihre Besucher mit köstlichen selbst gebackenen Kuchen. Aber auch wer nach einer ausgedehnten Fahrradtour oder nach einem Bad in der Ostsee lieber etwas Herzhaftes möchte, kommt in dem Café auf seine Kosten. Die wechselnden Tagesgerichte wie Zucchinipfannku-

Anfahrt

Mit dem Auto
von Wittenbeck aus über
die L12, an der östlichen
Ortsumgehung des Ostsee-
bads Kühlungsborn ist die
Alte Büdnerei das erste Haus
auf der linken Seite (Beschilderung). Parkplatz sowie
Fahrradständer direkt am
Haus vorhanden.

Übernachtungs-möglichkeit

Drei Ferienwohnungen
für eine bis fünf Personen
(28,00 bis 70,00 Euro inklusive Wäsche und Endreini-
gung). Radfahrer sind herzlich
willkommen, auch für eine
Übernachtung.

Extras

- Hofladen mit Produkten
  aus dem Büdnergarten
  und der Imkerei
- Lesungen und Sprachkurse
  (siehe Website)
- Workshops und Seminare
  zur Aquarellmalerei u.a.
- Familienfeiern nach
  Anmeldung

Sehenswertes in der Umgebung

- Seebadarchitektur und
  Jachthafen in Kühlungsborn
- Naturlandschaft der
  Kühlung
- Bad Doberan
- Heiligendamm
- 2 km bis zum Ostseestrand

chen, Buchweizenlinsen mit Räucherlachs oder Mecklenburgischer Backpflaumeneintopf bereitet Kristin Poppinga mit Zutaten aus dem Büdnergarten zu. Auf Vorbestellung packt die Gastgeberin auch gern einen Picknickkorb, mit dem sich Naturfreunde ihr eigenes Lieblingsplätzchen auf dem herrlichen Grundstück suchen können. Auf dem Hof gibt es auch einen kleinen Laden, in dem Gäste Honig aus der hauseigenen Imkerei und Fruchtaufstriche aus dem Büdnergarten kaufen können. Auch Ambienteprodukte, Porzellan und Kunsthandwerk sind im Angebot. Ideal ist die Alte Büdnerei als Ausgangspunkt für traumhafte Fahr-rad- oder Wandertouren im Umkreis der Kühlung, Strandurlaub oder Besuche der Seebäder Kühlungsborn, Bad Doberan oder Heiligendamm mit ihrer mondänen Bäderarchitektur. Für alle, die die herzliche Gastfreundschaft der Alten Büdnerei länger genießen wollen, befinden sich im Obergeschoss des Hauses drei Ferienwohnungen. Übernachtungsgäste erwartet morgens das Büdner-Frühstücksbufett, das auch externe Gäste nach telefonischer Voranmeldung (Vortag) genießen können. Ganzjährig finden in der Alten Büdnerei Workshops und Seminare (z. B. Aquarellmalerei, Sprachkurse) sowie Lesungen statt.

Alte Büdnerei

Westmecklenburg und Schwerin

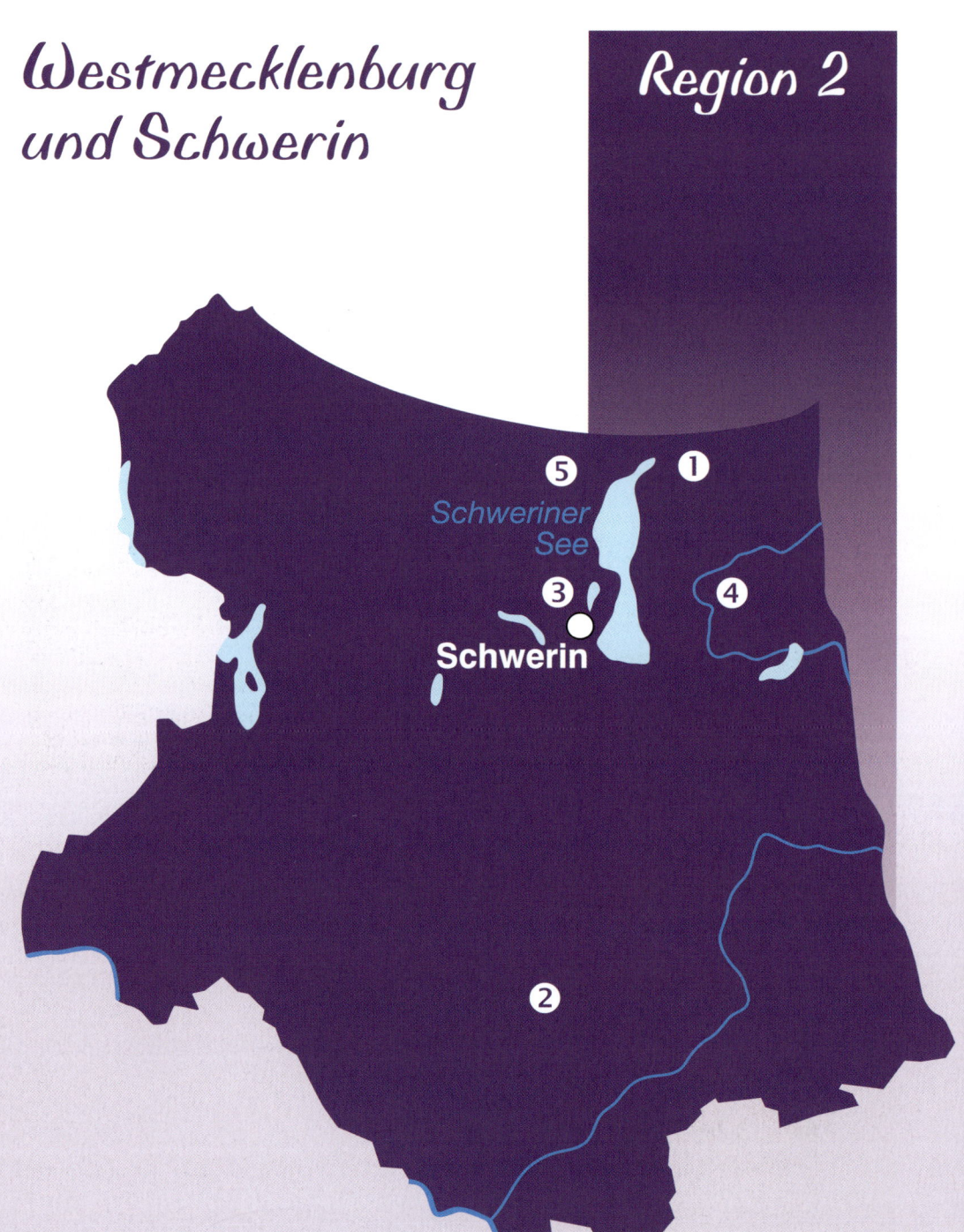

Schweriner See

Schwerin

Rosarium Jesendorf

40

Lindenallee 1
19417 Jesendorf
Tel. 0173 9008216

Hofcafé Glaisin

42

Lindenstraße 16
19288 Glaisin
Tel. 03875 4229037

Hofcafé Medewege

44

Hauptstraße 10 a
19055 Schwerin
Tel. 0385 5509154

Café Naschwerk

46

Kritzowerstraße 7
19412 Weberin
Tel. 03863 522532

Gartencafé Sonntagsgrün

48

Alte Dorfstraße 5
19069 Drispeth
Tel. 03867 6508

Atemberaubende Lage: Das Schloss am Schweriner See.

Die Region West-Mecklenburg und Schwerin erstreckt sich südwestlich der Ostseeküste. Sanft und doch herb, still und wunderschön – so lässt sich die Region mit ihren zahlreichen Natur- und Kulturreichtümern in wenigen Worten beschreiben. Das Gebiet reicht von der Elbe mit ihren sattgrünen Auen über weite Heideflächen, Moorgebiete, Äcker und Wiesen bis an die Ufer zahlreicher Seen. Die Landeshauptstadt Schwerin und die Orte Boizenburg, Hagenow, Parchim und Ludwigslust gehören ebenfalls zu dieser Region. Im Osten geht der Landstrich in die Mecklenburgische Schweiz und die Mecklenburgische Seenplatte über. Im Westen grenzt das Gebiet an Niedersachsen und Schleswig-Holstein, im Süden an Brandenburg.

Neben der ungebändigten Natur wird Kultur in West-Mecklenburg großgeschrieben. Die Künstler der Region präsentieren ihre Werke in zahlreichen Galerien, Ateliers oder Kulturforen, die einst als Gutshäuser, Bauernkaten oder Mühlen ihr Dasein fristeten. Reisende können tagsüber durch die Wälder und Wiesen streifen und abends Konzerte, Ausstellungen und Theateraufführungen in den Städten Schwerin, Ludwigslust oder Sternberg genießen. Den früheren herzoglichen Residenzen Ludwigslust und Schwerin mit ihren herrschaftlichen Schlössern haftet bis heute ein nobler Charme an. Aber auch die kleineren Städte und die urigen Dörfer präsentieren ein reiches Spektrum an Kultur und Geschichte.

Spazieren Sie durch die außergewöhnliche Parkanlage und entdecken Sie den Kanal am Schweriner Schlossgarten.

Einen Besuch der Schlösser in Schwerin und Ludwigslust sollten Sie unbedingt mit einplanen. Das Schweriner Schloss gilt als Wahrzeichen der Landeshauptstadt. Es wurde zwischen 1843 und 1857 als Um- und Neubau einer älteren Schlossanlage, deren Ursprünge bis in die slawische Zeit zurückreichen, errichtet und liegt sehr idyllisch auf einer Insel im Schweriner See. Das Schweriner Schloss gehört zu den bedeutendsten Bauten des romantischen Historismus in Europa. Der vielachsige Rundbau aus elf Geschossen und sechs Flügeln wirkt monumental und majestätisch. 635 Räume sind im imposanten Gebäude untergebracht. Ein sagenhafter Detailreichtum aus verzierten Fenstern, Nischen, Säulen, Erkern, Balustraden, goldenen Ornamenten und Figuren verleiht dem Bau trotz seiner Imposanz und Größe eine verspielte Leichtigkeit. Die prachtvollen Wohn- und Festräume, darunter Thronsaal und Ahnengalerie, beeindrucken mit viel Prunk und Dekor und lassen die Besucher in eine fürstlich-feudale Lebenswelt eintauchen. Kunstwerke vom 17. bis 19. Jahrhundert, seltene Möbel aus der Zeit des Historismus, Skulpturen, Gemälde, Meissner und Berliner Porzellansammlungen sowie herzogliche Jagd- und Prunkwaffen sind im Schloss ausgestellt. Rund um die Schlossmauern bezaubert der Ort durch außergewöhnliche Parkanlagen, in denen Architektur und Natur zu einem harmonischen Gesamtkunstwerk verschmelzen. Entdecken Sie auch die Aussichtsterrassen, die Orangerie und Viadukte, auf denen man gemütlich entlangspazieren kann.

Im Sommer zählen die Schlossfestspiele Schwerin zu den absoluten Highlights der Region. Wer Freude an kulturellen Hochgenüssen wie Oper, Ballett oder Musical hat, besucht das Mecklenburgische Staatstheater in Schwerin. Wer sich für die Architektur von Kirchen interessiert, besichtigt die Schelfkirche St. Nikolai. Sie ist die einzige Barockkirche aus Backstein in der Region West-Mecklenburg. Im Inneren befindet sich die Gruft der mecklenburgischen Herzöge. Auch sehr sehenswert ist die St. Paulskirche, die als Musterbeispiel neogotischer Architektur gilt. Sie befindet sich auf einem Hügel in der Altstadt. Ein beliebtes Ausflugsziel bei Kindern ist der Schweriner Zoo mit einer 3 Hektar großen Vogelwiese sowie naturnahen Tieranlagen, die 650 Tieren ein Zuhause bieten. Der Zoo zählt zu den schönsten in Deutschland. Im Kletterwald neben dem Zoo warten sechs Parcours mit über 50 spannenden Kletteraufgaben auf Sportbegeisterte. Diejenigen, die es eher etwas ruhiger angehen möchten, erkunden die Umgebung vom Wasser aus mit den Fahrgastschiffen der Weißen Flotte Schwerin. Die Seenfahrten starten vom Anleger des Schweriner Schlosses. Kunstfans sollten unbedingt dem Staatlichen Museum Schwerin einen Besuch abstatten. In der Galerie Alte und Neue Meister wartet ein bedeutender Fundus niederländischer Malerei des 17. und 18. Jahrhunderts darauf, von Ihnen

Das Schloss Ludwigslust gilt als „Versailles des Nordens".

entdeckt zu werden. Gemälde von Rubens oder Rembrandt und viele weitere Werke aus den folgenden Jahrhunderten gibt es dort zu sehen. Auch Werke von Caspar David Friedrich, Max Liebermann, Franz von Stuck, Pablo Picasso, aber auch von John Cage, Sigmar Polke oder Daniel Spoerri sind dort ausgestellt. Eine Reise in die Vergangenheit erleben Sie im Freilichtmuseum für Volkskunde in Schwerin-Mueß. Alte Bauernhäuser, blütenprächtige Obstgärten, uralte niederdeutsche Hallenhäuser und eine alte Dorfschule entführen Sie in die Lebenswirklichkeit der Menschen des 19. Jahrhunderts.

Die Barockstadt Ludwigslust ist ebenfalls einen Besuch wert. Hier können Sie sich das „Versailles des Nordens" anschauen. Das prunkvolle Barockschloss liegt in einem 120 Hektar großen Schlosspark, der von prächtigen Alleen, Kaskaden, Kanälen und Springbrunnen geziert wird. Herzog Friedrich von Mecklenburg-Schwerin ließ das Schloss von 1772 bis 1776 nach den Plänen des Hofbaumeisters Johann Joachim Busch errichten. Auf fast 3000 Quadratmetern gibt es Kunst höchsten Ranges zu erleben.

Neben all der Kultur hat aber auch die Natur der Region einiges zu bieten. West-Mecklenburg beherbergt so viele unterschiedliche, naturgeschützte Landschaften wie kaum eine andere Region in Deutschland: das länderübergreifende UNESCO-Biosphärenreservat Flusslandschaft Elbe im Süden, das UNESCO-

Genießen Sie die himmlische Ruhe am UNESCO-Biosphärenreservat Schaalsee.

Biosphärenreservat Schaalsee im Westen, den Naturpark Sternberger Seenland, die Nossentiner/Schwinzer Heide und das Plauer Seengebiet im Osten. An zahlreichen Orten wurden Naturschutzstationen erbaut, Lehrpfade angelegt sowie Aussichtspunkte und -türme errichtet. Wer den Artenreichtum der Tiere und Pflanzen hautnah mit einem Profi erleben möchte, kann in Informationszentren Führungen mit Parkrangern, Vogel- und Pflanzenkundlern buchen. Am besten entdeckt man die außergewöhnlich schöne und unberührte Natur der Region zu Fuß oder mit dem Rad. Dank gut ausgeschilderter Wege fällt die Orientierung leicht.

Die schönen Wanderwege von West-Mecklenburg- Schwerin sind durch eine ursprüngliche Hügellandschaft, Seen und Wälder geprägt. Ein attraktives Ziel für Wanderer ist z. B. das Schloss Wiligrad. Es liegt inmitten eines Waldgebietes am Steilufer des Schweriner Sees. Bei Radfahrern ist der 44 Kilometer lange Radrundweg im UNESCO-Biosphärenreservat Schaalsee sehr beliebt. Er führt vorbei am Kloster Zarrentin, durch Wälder und Wiesen, über Obstbaumalleen und Feldwege, durch Dörfer und Städte. Der Schaalsee ist mit 71 Metern der tiefste See Norddeutschlands. An den Badestellen entlang der Strecke können sich die Radler zwischendurch prima ausruhen.

Ein anderes, ebenfalls sehr beliebtes Wegenetz in Westmecklenburg sind die Wasserstraßen der Flüsse und Seen. Kanufahrer finden hier

An den Seen und Flüssen der Region lassen sich imposante Seeadler beobachten.

beste Bedingungen vor. Surfer und Segler toben sich auf dem Schweriner See und auf dem Plauer See aus.

Entdecken Sie auch die größte zusammenhängende Wiesenlandschaft Deutschlands: die Lewitz. Diese einzigartige Naturlandschaft liegt zwischen Schwerin, Sternberg und Parchim verborgen. Sie entstand infolge der Gletscherwanderungen der letzten Eiszeit. Heute ist die Region ein facettenreiches Natur- und Landschaftsschutzgebiet mit vielen Wiesen und urwüchsigen Wäldern. Auf dem 95 Kilometer langen Lewitz-Radrundweg lässt sich dieses Fleckchen Erde bestens erkunden.

Entdecken Sie auch kleine, charmante Städte wie Parchim. Die schöne alte Stadt mit ihren Backsteingebäuden und der Fachwerkkunst ist zu allen Jahreszeiten eine Reise wert. Ein anderer hübscher Ort ist Lübz. Dort gibt es einen tollen Jachthafen und einen historischen Stadtkern zu sehen. Der Luftkurort Plau am See, eine alte romantische Fischer- und Flößerstadt, gilt als Eingangstor zur Mecklenburgischen Seenplatte.

Im Nordosten von Schwerin fließt die Warnow. Das wildromantische Warnow-Durchbruchstal mit bis zu 30 Meter tiefen Schluchten, stillen Waldseen und urwaldähnlichen Gebieten zählt zu den schönsten Kanurevieren in Deutschland. Auch Wanderern und Pedalrittern sei dieser Landstrich besonders ans Herz gelegt. Biber und Fischotter tummeln sich hier im

In Dömitz befindet sich die einzige erhaltene Festungsanlage Norddeutschlands.

Wasser, Seeadler und Eisvögel schweben durch die Lüfte. Ganz in der Nähe liegt die Kleinstadt Sternberg mit einem mittelalterlichen Stadtkern und einer fast vollständig erhaltenen Stadtbefestigung. Ebenfalls sehr sehenswert ist das wenige Kilometer entfernte Groß Raden, in dem sich ein slawischer Tempelort aus dem 9. Jahrhundert befindet. Besuchen Sie auch den Naturpark Sternberger Seenland mit der größten Binnensalzwiese Deutschlands und einem der ältesten bekannten Seeadlerhorste Deutschlands. Outdoorfans können mitten im Naturpark auf dem Campingplatz ihr Lager aufschlagen und die Wildnis genießen.

Auch die Elbe ganz im Westen der Region ist einen Ausflug wert. Sie gilt als der naturnahes-te Strom Deutschlands, an dem es zahlreiche selten gewordene Tier- und Pflanzenarten zu beobachten gibt. Die drei Binnendünen bei Boizenburg, Stixe und Klein Schmölen sind stumme Zeugen der letzten Eiszeit. Von den Aussichtstürmen auf dem Elbberg bei Boizenburg und in Rüterberg werden Sie mit einem beeindruckenden Panoramablick auf den majestätischen Fluss verwöhnt. Im Herbst rasten hier Tausende Kraniche, Gänse und nordische Schwäne, die zu ihren Winterquartieren in den Süden ziehen. Was für ein Naturschauspiel! Die Müritz-Elde-Stör-Wasserstraße verbindet das Elbgebiet mit der Lewitz und schlängelt sich vorbei an Neustadt-Glewe, wo eine der ältesten und besterhaltenen Wehrburgen Mecklenburgs

Das Städtchen Plau am See ist staatlich anerkannter Luftkurort.

aus dem 13. Jahrhundert steht. Hier gibt es Burgausstellungen und heitere Mittelalterfeste zu erleben. In Dömitz erwartet Sie die einzige erhaltene Festungsanlage Norddeutschlands. Im Museum erfahren Sie Wissenswertes zur Festungs- und Stadtgeschichte und erhalten Einblicke in das Leben und die „Festungstid" des niederdeutschen Heimatdichters Fritz Reuter. Schifffahrten auf Elde und Elbe können ab Dömitz oder Hitzacker gebucht werden. Auch heimat- und naturkundliche Touren oder kombinierte Rad- und Schiffsausflüge stehen zur Auswahl. Liebhaber des Reitsports sind in der Region ebenfalls gut aufgehoben. Ob kurze Tagesausritte oder aber ausgedehnte Mehrtagestouren – alles ist möglich. Pferdefans sollten sich unbedingt das Landgestüt Redefin anschauen, in dem die Tradition der Pferdezucht gepflegt wird.

Auch die einstige Ackerbürger- und Handwerkerstadt Hagenow, die Lindenstadt Lübtheen und die kleine Fachwerkstadt Grabow an der Elde sind einen Besuch wert. Alle Leckermäulchen, die in den Land- und Hofcafés noch nicht genug bekommen haben, können in der Schau(m)manufaktur der Grabower Küsschen (vorherige Anmeldung) alles über die Geschichte der Schokoküsse erfahren und selbst welche herstellen.

Adresse

Lindenallee 1
19417 Jesendorf
Tel. 0173 9008216
katrinaugust@web.de
www.gutshaus-jesendorf.de

Öffnungszeiten

Ganzjährig
Fr bis So 14 bis 17 Uhr
und nach Vereinbarung

Plätze

24 Innenplätze
36 Außenplätze

Anfahrt

Mit dem Auto:
A14 Abfahrt Jesendorf, dann
ist das Gutshaus Jesendorf
schon zu sehen

Rosarium Jesendorf

„Die Schmuckstücke eines Hauses sind die Gäste, die darin verweilen!" Davon ist Katrin August überzeugt. Dabei sind ihr Café und ihr idyllischer Rosengarten schon allein zwei Schmuckstücke, die ihresgleichen suchen. Der ausgebildeten Entspannungstrainerin ist es wichtig, ihren Gästen Wertschätzung entgegenzubringen, indem sie sich Zeit für sie nimmt. Gern setzt sich die Rosenliebhaberin zu ihren Besuchern und plauscht über ihre eleganten Schönheiten und vieles andere mehr. Über 150 Rosensorten in elf Themenbeeten umfasst mittlerweile ihr Rosarium, das sie 2013 auf einem Stück Brachland in der Nähe des Hauses anlegte.

Die Idee mit den Rosen kam ursprünglich von ihrer Tochter Emely. Als Katrin August und ihr Mann Uwe im Jahr 2007 das Gutshaus Jesendorf kauften, befand sich das stattliche Gebäude in einem maroden Zustand. Nach der Restaurierung zog die Familie mit ihren vier Kindern nebst Großeltern in das herrschaftliche Anwesen ein. Bei der Frage nach der Gestaltung

Mit der Bahn
Bahnhof Ventschow,
ca. 3 km entfernt

der Außenanlagen hatte die damals fünfjährige Emely den Wunsch, in einem Dornröschenschloss zu wohnen. Das konnten Katrin und Uwe August der kleinen Prinzessin nicht abschlagen und pflanzten in den Rabatten vor dem Haus und entlang der Wege duftende Rosen. Das war Katrin Augusts erster Kontakt mit der Königin der Blumen. Nach und nach entdeckte sie deren Vielfalt an Formen, Farben und betörenden Düften, ihre Verwendung und Geschichte. Im Jahr darauf erfüllte sich die Rosenliebhaberin einen weiteren Wunsch und eröffnete ihr Café. Dort sitzen die Gäste im Sommer gemütlich unter Mirabellen- und Pflaumenbäumen und können bei Kaffee und feinen Torten der Konditormeisterin Anja Hünemörder die ländliche Ruhe genießen. Ein wundervolles Klangspiel im Garten sorgt für beruhigende Stimmung. In der kühlen Jahreszeit wird es drinnen am Kamin gemütlich. Neben kulinarischen Köstlichkeiten bietet Katrin August ihren Gästen viele schöne Dinge rund um die Rose an. Dabei sind nicht nur Seifen, Kerzen, Gelees und zahlreiche Dekoartikel im Angebot, sondern es gibt auch allerhand Anekdoten rund um das Gutshaus Jesendorf und seinen wunderbaren Rosengarten zu hören.

Extras

- Trauungen (Außenstelle des Standesamtes Neukloster/ Warin im Gutshaus)
- Raumvermietung für Veranstaltungen (Feiern, Ausstellung, Lesungen, Märkte, Seminare etc.)
- Entspannungstraining und Klangmassagen
- Führung durch das Gutshaus nach Anmeldung

Sehenswertes in der Umgebung

- Wismar
- Schweriner See
- Naturpark Sternberger Seenland
- Seen der nordwestlichen Mecklenburger Seenplatte

Rosarium Jesendorf

Adresse

Lindenstraße 16
19288 Glaisin
Tel. 03875 4229037
hofcafe@hochzeitshof-
glaisin.de
www.hochzeitshof-glaisin.de/
hofcafe

Öffnungszeiten

Di bis So 9 bis 18 Uhr

Plätze

30 Innenplätze
30 Außenplätze

Anfahrt

Über die A14 Abfahrt
Grabow/Ludwigslust der
Ausschilderung nach
Glaisin folgen

2 Hofcafé Glaisin

Kaffee, selbst gebackene Kuchen und Torten, köstliche kleine Gerichte, Snacks und erfrischende hausgemachte Limonade und Sommercocktails erwarten die Besucher im Hofcafé Glaisin. Auch ein ausgiebiges Frühstück kann man hier genießen. Es gibt Herzhaftes, Süßes, Warmes und Kaltes vom Buffet. Auf den Tisch kommen hofeigene Produkte. Versäumen Sie nicht, den köstlichen Apfelsaft von der hauseigenen Streuobstwiese zu probieren. Auch das leckere Speise- oder Softeis im Garten des Hofcafés sollte man sich nicht entgehen lassen. Bei Sonnenschein und gutem Wetter sitzen die Gäste draußen auf dem Hof und genießen die Aussicht auf die prächtigen Bäume und die altehrwürdigen Fachwerkhäuser mit charmanten roten Backsteinfassaden. Bei schlechtem Wetter können sich die Besucher an der romantischen Einrichtung und innenarchitektonischen Gestaltung des Hauses erfreuen, wo harmonische Creme- und Weißtöne mit viel Holz kombiniert sind. Wenn Sie am Sonntag in Glaisin vorbeischauen, gibt es auch die Möglichkeit,

- Hausgemachte Kuchen und Torten
- Hofeigene Produkte wie Apfelsaft von der haus- eigenen Streuobstwiese
- Standesamtliche Trauungen auf der großen Außenfläche möglich
- Spielplätze drinnen und draußen
- Möglichkeit zur Rast für Pferdewanderer
- Familienfeiern von 15 bis 40 Personen möglich

Übernachtung

Zwei Doppelzimmer, ein Familienzimmer mit Doppel- bett und Kinderschlafnische und eine Suite mit Wohn- bereich, Doppelbett und Kinderschlafnische

Sehenswertes in der Umgebung

- Schloss Ludwigslust mit weitläufigem Schlosspark
- Hafen in Dömitz
- Töpferhof Döscher
- Alter Burgwall in Menkendorf
- Das authentische, liebevolle Örtchen Glaisin

nach vorheriger Anmeldung zwischen 9 und 14 Uhr zu brunchen. Die Anmeldung zum Brunch ist immer bis jeweils Freitag möglich. Ein Tipp für Naturfans, die gern im Grünen speisen: Nach Anmeldung be- reitet das Hofcafé auch einen liebevoll gefüllten Picknickkorb vor, mit dem Sie sich ein ge- mütliches Fleckchen auf der Wiese suchen können.

Wer eine etwas längere Rast einlegen möchte, um Aus- flüge in der wunderschönen Gegend zu unternehmen, kann über Nacht bleiben und in einem der vier modern ein- gerichteten Pensionszimmer schlafen. Attraktive Ausflugs- ziele ganz in der Nähe sind beispielsweise die Städte Ludwigslust, Dömitz oder Schwerin. An ausgewählten Terminen finden im Sommer Open-Air-Kinonächte auf dem Hof statt. Auch Kinder füh- len sich in Glaisin wohl. Sie können ausgelassen auf dem Spielplatz toben und in der Bastelwerkstatt des Hofes mit vielen Materialien kreativ wer- keln. Außer zum Schlemmen und Erholen kann der Hof auch für größere Veranstal- tungen wie Hochzeiten und andere Feste genutzt werden. Super ist auch die Lage des Hofcafés Glaisin: Es liegt un- mittelbar an verschiedenen Radwanderwegen. In Abspra- che können auch Kutschfahr- ten vom Café aus organisiert werden. Pferdewanderer ha- ben die Möglichkeit, die Tiere auf dem Hof rasten zu lassen.

Hofcafé Glaisin

Adresse

Hauptstraße 10 a
19055 Schwerin
Tel. 0385 5509154
mail@cafe-Hof-Medewege.de
www.cafe-hof-medewege.de

Öffnungszeiten

Di bis So 11:30 bis 18 Uhr

Plätze

36 Innenplätze
60 Außenplätze

Anfahrt

Mit dem Auto über die
(ehemalige) B106 Richtung
Wismar bis Groß Medewege,
Ausschilderung/Logo „Bio-
hof" folgen

Mit der Bahn vom Hauptbahn-
hof mit Buslinie 8 (Seehof/
Lübstorf) bis Groß Medewege;
der Beschilderung folgen (fünf
Gehminuten)

Mit der Straßenbahn Linie 1
Richtung Kliniken (End-
station), dann ca. 15 Minuten
Fußweg Richtung Wismar bis
zum Ortsteil Groß Medewege;
der Beschilderung folgen

Extras

• Steinhaukurse mit Mecht-
  hild Breme
• Kinderbauernhof
• Reitstunden für Kinder
• Spielplatz

3 Hofcafé Medewege

Im Hofcafé Medewege wird nicht nur der Magen gut versorgt. Hier gibt es vielmehr ein Rundumpaket für Körper, Geist und Seele zu erleben. Das Hofcafé ist nur zehn Autominuten von Schwerin entfernt und befindet sich auf einem biologisch-dynamischen Kulturbauernhof in unmittelbarer Nähe des Medeweger Sees. Auf dem alten Gutsgelände hat sich eine vielseitige Gemeinschaft von Menschen, Betrieben, Kunst- und Handwerksprojekten, therapeutischen Initiativen sowie ein Waldorfkindergarten versammelt. Landwirtschaft, Handwerk, Kunst, Kultur und Bildung vereinen sich hier harmonisch zu einem ganz besonderen Lebens- und Gemeinschaftsgefühl. Der Hof bietet rund 120 Personen Beschäftigung. 14 Familien und einige WGs mit insgesamt 35 Kindern leben dort alternativ und naturbejahend zusammen. Das Café bietet Besuchern Kaffeespezialitäten und Getränke aus der Region, leckere Kuchen, Torten, Gebäck und Eis. Wer es herzhaft liebt, findet beim Mittagstisch ab 11:30 Uhr ein köstliches Angebot ländlich feiner Speisen.

- Kurs im Filzatelier von Martina Zinkowski
- Strömungsmassage, Kunsttherapie oder Lebensberatung (nach Anmeldung)
- Feierlichkeiten bis zu 30 Personen
- Brunch (nach Anmeldung)

Übernachtung

Vier Ferienwohnungen, fünf Gästezimmer auf dem Hof; Buchung und Reservierung unter: www.hof-medewege.de

Sehenswertes in der Umgebung

- Schweriner Schloss und diverse Museen
- Mecklenburgisches Staatstheater, unter anderem mit zahlreichen Kindervorstellungen
- Freilichtmuseum für Volkskunde Schwerin-Mueß
- Historische Wassermühle mit Schauanlage in Schleifenmühle
- Kletterwald mit sechs verschiedenen Parcours
- Das 30 km entfernte Wismar und die Ostsee
- Großsteingräber bei Grevesmühlen
- Naturpark Sternberger Seenland mit der Warnow und ihrem Durchbruchstal
- Güstrow
- Ludwigslust, Schloss
- Biosphärenreservat Schaalsee

Derzeit stehen Leckerbissen wie Lammkotelett, gefüllte Wachteln, Quiche und wilde Salate mit Gemüse aus der Pfanne auf der Karte. Bei den aufgetischten Gerichten handelt es sind um hofeigene, regionale Lebensmittel, die kontrolliert biologisch erzeugt und liebevoll und frisch zubereitet werden. Vor oder nach dem Essen kann man in der Region wunderschöne Ausflüge unternehmen. Das Café Medewege ist ein idealer Startpunkt, um die Wald- und Wiesenlandschaft rund um Schwerin zu entdecken. Aber auch der 350 Hektar große Hof bietet ein breites Spektrum an Freizeit- und Kulturaktivitäten. Der Kulturverein des Hofes organisiert in Zusammenarbeit mit den Betrieben regelmäßig Kultur-veranstaltungen, internationale Projekte, Aktionstage und das Hoffest. Wer mit Kindern reist, wird diese glücklich strahlen sehen. Es gibt einen Spielplatz, der direkt neben dem Café gelegen ist, sodass Eltern ihre lieben Kleinen gut im Blick haben. Ein anderes Highlight für kleine Besucher ist der Kinderbauernhof. Die Kinder haben die Möglichkeit, dort aktiv mitzuarbeiten und so das Landleben hautnah zu erleben. Auch Reitstunden können absolviert werden. Wer sich in Kunst und Handarbeit ausprobieren möchte, besucht den Steinhaukurs oder die Filzwerkstatt. Wer sich entspannen möchte, bucht eine Strömungsmassage. Kunsttherapie und Lebensberatung bereichern das Angebot.

Adresse

Kritzowerstraße 7
19412 Weberin
Tel. 03863 522532
edje@cafe-naschwerk.de
www.cafe-naschwerk.de

Öffnungszeiten

Karfreitag bis letztes
Oktoberwochenende:
Fr 14 bis 18 Uhr,
Sa, So und Feiertage
10 bis 18 Uhr

Plätze

34 Innenplätze
38 Außenplätze

Anfahrt

Mit dem Auto B104, dann
weiter auf L101 und L09

4 Café Naschwerk

Haben Sie schon einmal Mozzarella-Feta-Pumpernickel-Torte oder ein Stück Erdbeer-Basilikum-Pfeffer-Torte oder gar eine Bananen-Erdnussbutter-Chili-Torte gekostet? Noch nicht? Dann können Sie das bei Ed Schütze nachholen. Das Café Naschwerk im kleinen Örtchen Weberin gilt als echter Geheimtipp in Mecklenburg-Vorpommern. Der sympathische Inhaber kreiert alle Kuchen und Torten selbst. Auch Brot und Brötchen stammen aus seiner Backstube. Die fantasievollen Kreationen haben es sogar schon ins Fernsehen geschafft. Dabei ist der gebürtige Holländer nur durch Zufall zum Backen gekommen. Einst arbeitete er als Maskenbildner in Holland. Neben den überraschenden Kreationen gibt es aber auch die guten alten Klassiker. „Wir haben ein paar Kulttorten ständig im Angebot, weil sonst einige Gäste schwer enttäuscht wären. Zum Beispiel die Apfeltorte nach einem alten Rezept meiner Mutter, die Torta Caprese, eine italienische Spezialität ohne Mehl, mit Mandeln, Schokolade und etwas Strohrum.

Dann gibt es da noch den leckeren Käsekuchen oder die Mon-Chou-Torte mit krokantig knackigem Boden, Frischkäsecreme und Heidelbeeren", berichtet der Tortenbäcker aus Leidenschaft. Verwendet werden nur die besten Zutaten: Biomehl, die gute Butter, Eier von frei laufenden Hühnern und die Extraportion Liebe. Auch neue Kreationen kommen regelmäßig auf den Tisch. Für alle, die es eher herzhaft mögen, gibt es z. B. die Blutwurst-Tarte, aber auch deftige Suppen. Sie werden herzhaft mit Bacon oder Käse oder aber süß mit Rosinen, Apfel, Zimt und Zucker genossen. Dazu serviert Ed guten italienischen Kaffee und edle Teesorten aus aller Welt. Schöne Kunstwerke schmücken die Wände. Alle zwei Monate gibt es eine neue Ausstellung lokaler Künstler im Café. Von großformatigen Acrylgemälden, Bleistiftzeichnungen, Filzmandalas über Behindertenkunst, Aquarelle, Fotos und Holzobjekte ist alles dabei. Wer sich in eines der Möbelstücke oder Kunstobjekte verliebt, kann dieses auch kaufen. Nach vorheriger Anmeldung gibt's samstags und sonntags von 10 bis 13 Uhr auch Frühstück mit frischem Brot, knusprigen Brötchen und „Drie in de Pan", Eds berühmten holländischen Hefepfannkuchen. Dazu reicht Ed Rührei, leckeren Käse und Aufschnitt, frischen Wildkräuterquark, Fisch aus der Region, Konfitüre und Heißgetränke. Im Café Naschwerk ist der Name Programm. Neben den Köstlichkeiten ist aber auch Ed Schütze ein echtes Erlebnis, der sich auch mal einen falschen Bart anklebt, um seine Gäste zum Lachen zu bringen.

Extras

- Frühstück samstags und sonntags von 10 bis 13 Uhr (nach vorheriger Anmeldung)
- Alle zwei Monate wechselnde Ausstellungen von lokalen Künstlern im Café
- Das Inventar kann erworben werden

Übernachtung

Vor Ort nicht möglich, in der Nähe z. B. in Schloss Basthorst, Schlosshotel Wendorf, Pension Lewenberg Schwerin oder im Ferienhaus Schünsee.

Sehenswertes in der Umgebung

- Mammutbäume
- Glambecksee
- Schloss Kaarz
- Schloss Basthorst und Schloss Wendorf
- Schwerin

Café Naschwerk

Adresse

Alte Dorfstraße 5
19069 Drispeth
Tel. 03867 6508
info@sonntagsgruen.de
www.sonntagsgruen.de

Öffnungszeiten

1. Mai bis 3. Oktober:
So 14 bis 18 Uhr
Gruppen ab 20 Personen
nach Vereinbarung auch außerhalb der Öffnungszeiten

Plätze

22 Caféplätze
116 Außenplätze im Garten
(davon 36 überdacht)

Anfahrt

Mit dem Auto:
B 106 zwischen Wismar und
Schwerin in Zickhusen Richtung Drispeth abbiegen und
der Straße folgen. Das Café
liegt 200 Meter hinter dem
Ortseingangsschild.
Oder B 208 in Bobitz abbiegen in Richtung Dambeck, in
Dambeck am Ortsausgang
links abbiegen und Hinweis-
schild nach Drispeth folgen.

Mit dem Rad:
Von Schwerin aus dem
Radweg entlang des Schwe-
riner Sees über Wickendorf,
Hundorf, Seedorf, Lübstorf,
Wiligrad und Gallenthin folgen.

Extras

• Gartenführungen (jeden
  Sonntag um 13 Uhr nach
  telefonischer Anmeldung)

 Gartencafé Sonntagsgrün

Wer das Gartencafé Sonntagsgrün von Beate Schöttke-Penke betritt, fühlt sich sofort wohl. Gemeinsam mit ihrem Mann hat sie sich im Laufe der Jahre ein üppig blühendes Paradies geschaffen, das sie von Mai bis Oktober jeden Sonntag mit ihren Besuchern teilt. Lauschige Sitzgelegenheiten laden zum Verweilen ein. Sie sind separiert und idyllisch zwischen den Staudenbeeten positioniert. Die Möbel wurden in liebevoller Handarbeit aus dem Holz des Waldes von nebenan von Beates Mann gebaut. „Viele Menschen, die uns in unserem Gartencafé besucht haben, sind mir zu guten Bekannten geworden. Ich genieße die neuen Begegnungen und das bunte, lebendige Leben, das viel Freude mit sich bringt", sagt Beate Schöttke-Penke. Das Gartencafé ist ein himmlischer Rückzugsort und der ideale Platz, um ungestört ein leckeres Stück Kuchen im Sonnenschein zu genießen. Dabei kann man entspannt den Blick über das 5000 Quadratmeter große Gelände mit Schwimmteich schweifen lassen und sich über die Zierlauchbälle und die

- Jeden ersten Sonntag im Monat Speckzwiebelkuchen aus dem Lehmbackofen, dazu gibt's Gartensalat (nach telefonischer Anmeldung)
- Teilnahme an landesweiten Aktionen „Kunst offen" (Pfingsten), „Offene Gärten in MV" (zweites Juniwochenende) und „Blumenzwiebelmarkt" (erstes Septemberwochenende), Öffnungszeiten: Sa und So 10 bis 18 Uhr
- Streuobstwiese mit alten Obstsorten

Übernachtung

Ferienwohnung für vier Personen im Ort bei Familie Grimm, Tel. 0171 1231669 Ferienwohnung für vier Personen im Nachbarort Dambeck über der Töpferei bei Familie Gregorowius, Tel. 038424 20429 Mobil 0163 1434211 Nichtraucherpension am Lewenberg in Schwerin bei Familie Darsow mit schönem Garten, www.pension-am-lewenberg.de

Sehenswertes in der Umgebung

- Schwerin und die sieben Seen
- Hansestadt Wismar mit vielen Sehenswürdigkeiten
- Sommerschloss in Lübstorf im Wiligrader Forst (das Schloss ist saniert), regelmäßige Ausstellungen und Veranstaltungen, toller Schlosspark
- Dambecker Mühle und Kirche
- Drispeth an den Dambecker Seen im Vogelbrutschutzgebiet mit vielen Wasservögeln

blauen Blüten der Prärielilien freuen, die im Sommer in sanften Wogen über die Beete tanzen. „Ich liebe die Natur und das Gefühl, mit den Händen in der Erde zu buddeln. Das hat eine ganz eigene Energie, und die schwingt bei allem hier mit. Ich glaube, das spüren die Besucher, und deshalb fühlen sie sich hier auch so wohl und kommen gern wieder", sagt die Inhaberin. Auch kulinarisch werden die Gäste hier verwöhnt. Die Cafébesucher können unter mindestens fünf Torten- und Kuchenvarianten wählen. Alles ist selbst und frisch gebacken und es gibt auch glutenfreies Gebäck. Die Kuchen haben charmante Namen wie Marthas Mohnkuchen, Carolas Cappuccinotorte, Tillys Zitronentorte oder Annas Aprikosenkuchen. Sie sind sommerlich fruchtig und werden mit viel Quark und Frisch-

käse zubereitet. Zur Auswahl stehen aber auch Schoko- und Blechkuchen.

Das Sonntagsgrün ist ein Selbstbedienungscafé. Die Gäste gehen direkt zum Tresen und bestellen dort bei Beate Schöttke-Penke, was sie möchten. Die Inhaberin berät die Gäste gern bei der Kuchenauswahl – und später auch im Garten. „Bei uns gibt es nicht nur Kaffee und Kuchen, sondern auch noch Gespräche rund um das Thema Pflanzen sowie Gartentipps." Beate Schöttke-Penke kennt sich bestens aus. Sie schreibt seit mehreren Jahren wöchentlich eine Gartenkolumne für die regionale Schweriner Volkszeitung und ist Autorin zahlreicher Gartenbücher. Außerdem organisiert sie Gartenreisen für alle, die noch mehr über schöne Gärten lernen möchten.

Mecklenburgische Schweiz

Güstrow

Kumerower See

③

⑥ ⑤
②

④

①

50

Café Dubenhus

1 60

Hofplatz
17194 Blücherhof
Tel. 039933 70356

Hofladen und Hofcafé Klinder

4 66

Dorfstraße 2
17166 Dahmen
Tel. 039933 71231

Dorfladen Gessin

2 62

Gessin 7
17139 Gessin
Tel. 039957 18305

Marens Café- Schmiede

5 68

Gessiner Straße 18
17139 Basedow
Tel. 039957 29856

Alte Schule Baumgarten

3 64

Poststraße 48
18246 Baumgarten
Tel. 038462 33395

Alter Schafstall

6 70

Wargentiner Straße 7
17139 Basedow
Tel. 039957 20454

Malerische Alleen wie diese sind fester Bestandteil der Landschaften in Mecklenburg-Vorpommern.

Auch auf dem Rücken der Pferde lässt sich die Mecklenburgische Schweiz ausgezeichnet entdecken.

Im Herzen von Mecklenburg-Vorpommern liegt die Mecklenburgische Schweiz. Wegen der sanften Hügel in dieser Gegend, die an eine „Berglandschaft" erinnern, kam der Landstrich zu seinem Namen. Die Erhebungen in der Mecklenburgischen Schweiz sind mit maximal 150 Höhenmetern allerdings um einiges kleiner als die schneebedeckten Berggiganten in unserem südlichen Nachbarland. Bei den Hügelketten handelt es sich um Relikte aus der letzten Eiszeit, die vor etwa 15 000 Jahren zu Ende ging. Wer etwas Muskelkraft investiert und die Erhebungen emporsteigt, wird mit einer wunderschönen Aussicht über die Wald- und Seenlandschaft belohnt. Viele Abschnitte der grünen Weite stehen unter Naturschutz,

da ein Großteil der Landschaft im Naturpark Mecklenburgische Schweiz und Kummerower See liegt, in dem es seltene Moorlandschaften sowie geschützte Pflanzen und Tiere zu entdecken gibt. Geografisch gesehen liegt die Region nördlich der Mecklenburgischen Seenplatte, nordwestlich des Malchiner und Kummerower Sees und schließt Bützow, Güstrow, Krakow am See, Dargun, Teterow, Malchin, Stavenhagen, das Peenetal bis Demmin, Jarmen und Altentreptow mit ein. Eine genau festgelegte Grenze gibt es streng genommen aber nicht.

Zu Fuß, mit dem Rad, dem Kanu oder zu Pferde lässt sich der Charme dieser Landschaft besonders gut einfangen. An den Wegrändern

Mecklenburgische Schweiz

Das Schloss Güstrow mit dem Schlosspark.

und auf den Feldern gedeihen Klatschmohn und Kornblumen. Altehrwürdige Obstbäume, Eichen und Kastanien säumen die Alleen. Mit etwas Glück gibt es auf den Erkundungstouren Seeadler, Kraniche, Biber und Gänse zu beobachten. Neben der wunderschönen intakten Natur hat die Mecklenburgische Schweiz auch zahlreiche kulturelle Reichtümer zu bieten. Zwischen glitzernden Gewässern, grünen Wiesen und bewaldeten Hügeln liegen kleine Ortschaften mit verwunschenen Gutshäusern und Schlössern verborgen. Alte Parkanlagen und Gärten, Reiterhöfe, historische Kirchen, Denkmäler und Kunstschätze, Museen und Galerien warten darauf, von Ihnen entdeckt zu werden. Genießen Sie das Gefühl, dass die Uhren hier langsamer zu ticken scheinen als an anderen Orten. Im Sommer verwandeln sich Dorfkirchen, Scheunen, Herrenhäuser und Landschaftsgärten in stimmungsvolle Bühnen für klassische Konzerte und Festspiele. Der Gourmettempel Burg Schlitz, die Schlösser Ulrichshusen, Basedow, Schorssow, Teschow, das Schloss Marihn mit seiner einmaligen Garten- und Parkanlage für Liebhaber englischer Rosen sowie das Schloss Güstrow gehören zu den beliebtesten Schlössern der Mecklenburgischen Schweiz. Sie sind von beschaulichen Parkanlagen umgeben, in denen man viel Ruhe und Erholung findet. Wer das Ganze hautnah erleben möchte, bucht eine Übernachtung im Schloss oder Gutshaus. Viele der einst adeligen

Graugänse am frühen Morgen auf einer Wiese.

Malerische Fluss- und Seelandschaften sind hier oft zu finden.

Schönheiten haben ihre Pforten für Gäste als Pension, Hotel oder Ferienanlage geöffnet.

Besuchen Sie Museen, wie z. B. das Thünen-Museum-Tellow in der Nähe von Teterow. Das Freilichtmuseum würdigt das Wirken des bedeutenden Agrar- und Wirtschaftswissenschaftlers Johann Heinrich von Thünen (1783–1850). Neben Führungen und Kremserfahrten kann man es sich hier bei einem Teller „Platenkauken", der berühmten Tellower Kartoffelsuppe, und einem deftigen Schmalzbrot gut gehen lassen. Ein anderer Anziehungspunkt ist die Kloster- und Schlossanlage in Dargun, die im 12. Jahrhundert von Zisterziensermönchen errichtet wurde. Nach der Reformation wurde das Kloster zum Schloss umgebaut, das im Zweiten Weltkrieg einem verheerenden Brand zum Opfer fiel. Seit 1990 wird die gesamte Anlage saniert, für Besucher zugänglich gemacht und für Veranstaltungen genutzt.

Dargun bildet das Tor zu gleich zwei Naturparks: dem Naturpark Mecklenburgische Schweiz und Kummerower See sowie dem Naturpark Flusslandschaft Peenetal. Die unberührte Trebellandschaft und die Peeneniederung ist das größte zusammenhängende Niedermoorgebiet Mitteleuropas und ein Paradies für Flora und Fauna. Mit einer Ausdehnung von mehr als 61 000 Hektar schließt das Gebiet gleich zehn Naturschutzgebiete mit ein. Biber, Fischotter, Seeadler und Eisvögel sind hier zu Hause. Im Herbst und Frühling bilden Kraniche und nordische Wildgänse große Versammlungen auf den Äckern. Hier haben die Tiere während ihrer Rast Ruhe, denn ein großer Teil des Naturparks gehört zum Europäischen Vogelschutzgebiet. Wanderer und Radfahrer haben diverse Möglichkeiten, den Naturpark auf den gut ausgeschilderten Wegnetzen zu erkunden. Vom Boot oder von einem der Beobachtungstürme am Malchiner, Kummerower oder Teterower See aus kommt man hoch oben in den Genuss einer ganz anderen Perspektive der grünen Idylle. Auch die Aussichten von den Höhen bei Salem und Gorschendorf sind einen Ausflug wert.

Wassersportbegeisterte sind in der Mecklenburgischen Schweiz gut aufgehoben. Die Flusslandschaft Peene und die Seen bieten paradiesische Bedingungen für Paddler, Angler, Surfer und Segler. Für den großen Kanuurlaub ist die Tour Malchiner See, Kummerower See und Peene bis zur Mündung zu empfehlen. Eine der schönsten, aber auch anspruchsvollsten Strecken ist das Durchbruchtal der Warnow zwischen Sternberger Burg und Eickhof. Wer das Paddeln mit vielen Landgängen verbinden möchte, wählt die Strecke von Altentreptow nach Demmin auf der Tollense. Kanus können in allen Häfen und oft auch direkt bei den Gastgebern der Ferienwohnungen geliehen werden. Segler fahren am besten zum Kummerower, Malchiner oder Teterower See. Dort finden sie ideale Bedingungen vor. In Salem am Kummerower See können Anfänger Kurse buchen und das Segel-Einmaleins lernen. Wer davon träumt, auf einem Hausboot Urlaub zu machen, chartert sich eins in Malchin oder Demmin.

Auch Radfahrer und Wanderer werden die Region sehr schätzen. Beeindruckende Touren gibt es um das Teterower oder Malchiner Becken zu erleben, und auch eine Umrundung des Kummerower Sees ist sehr zu empfehlen. Der Kummerower See bietet viele Badestellen, gut ausgestattete Wasserwanderrastplätze und Campingmöglichkeiten. Angler schätzen den großen Fischreichtum des Sees, in dem sich Zander, Aale, Hechte und Barsche tummeln. Der Malchiner See ist durch die Peene und den Dahmer Kanal mit dem Kummerower See verbunden. Die Uferzonen sind von dichtem Schilf gesäumt und bieten vielen Tierarten Schutz. Der kleinste der drei Seen ist der Teterower See, in dem beachtliche Hechte schwimmen. Ein Kleinod inmitten des Sees, der zum Teil unter Naturschutz steht, ist die Burgwallinsel, auf der sich eine ehemalige slawische Siedlungsstätte befindet, die besichtigt werden kann. Im Jahre 2010 wurde die Insel von der UNESCO zum schützenswerten Kulturgut erklärt. Einmal im Jahr, am Wochenende vor Pfingsten, erinnern die Teterower mit einem Hechtfest an einen legendären Schildbürgerstreich. Die Geschichte besagt, dass die Fischer der Stadt einen riesigen Hecht wieder ins Wasser zurückgeworfen hätten, um ihn länger frisch zu halten. Sie banden ihm eine Glocke um den Hals und schnitzten eine Kerbe ins Boot, um ihn später wieder besser zu finden.

Wer Tiere liebt, besucht den Haustierpark in Lelkendorf. In dem Schutzpark und Zuchtzentrum leben alte und gefährdete Haus- und Nutztierrassen, die auch gestreichelt werden dürfen. Der Park umfasst rund 16 Hektar und liegt in wunderschöner Hügellandschaft.

Weitere Highlights in der Region sind das barocke Schloss Basedow und der beeindruckende Landschaftspark. 1825 wurde nach Plänen von Peter Joseph Lenné mit der Gestaltung des 200 Hektar großen Parks begonnen. Geschickt wurden vorhandene Landschaftselemente, wie die beiden Großsteingräber aus der Jungsteinzeit und die Burgruine, in die Gestaltung des Parks miteinbezogen. Ebenfalls zu empfehlen: ein Besuch des ca. 33 Hektar großen barocken Parks der ehemaligen Guts-

Das Schloss Basedow am Malchiner See.

und Schlossanlage Remplin. Dort befindet sich der älteste erhaltene Sternwartenbau Mecklenburgs. 1793 ließ Friedrich II. Graf von Hahn sein Gartenhaus in ein Observatorium umbauen. Um 1800 wurde der noch heute zum größten Teil erhaltene Turm der Sternwarte errichtet. Das Schloss fiel 1940 aber leider einem Brand zum Opfer.

Alle, die sich für Kunst und die plattdeutsche Sprache interessieren, sollten einen Besuch der Stadt Stavenhagen einplanen. Hier können Sie auf den Spuren von Fritz Reuter wandeln, der als einer der bedeutendsten Schriftsteller und Dichter der niederdeutschen Sprache gilt. Im Fritz-Reuter-Literatur-Museum gibt es Informationen zu seinem Leben und Werk und zur plattdeutschen Sprache. Die FAZ beschreibt das Museum als „eines der schönsten Literaturmuseen in Deutschland", was Fritz Reuter sicher sehr gefreut hätte, denn „de schönste Lohn is doch ümmer wedder, wenn de Gäst taufreden sünd." Nur fünf Kilometer von Stavenhagen entfernt wartet ein weiteres Highlight: das Landschaftsschutzgebiet Ivenacker Tiergarten. Neben dem Damwild, das auf einer Fläche von 70 Hektar lebt, sind in der Anlage auch die berühmten tausendjährigen Ivenacker Eichen zu bewundern. Die imposanteste Eiche hat einen Durchmesser von 3,49 Metern sowie eine Höhe von 35,5 Metern und ist damit die stärkste und älteste lebende Eiche Deutschlands.

Liebhabern der japanischen Kultur und Kunst sei folgendes Ausflugsziel ans Herz gelegt: Im Jahr 2001 errichtete der 1931 in Prangendorf bei Rostock geborene Künstler Heinrich Johann Radeloff das Deutsch-Japanische Kulturzentrum Schloss Mitsuko in Todendorf, das er nach seiner japanischen Ehefrau benannte. Es ist ein Ausstellungsort für traditionelle und zeitgenössische japanische Kunst und Kultur und beherbergt unter anderem eine Sammlung japanischer Grafik und Malerei.

Die Veranstaltungen geben Einblicke in die traditionelle japanische Lebensart. Regelmäßig finden hier Vorführungen von Ikebana, der traditionellen Kunst des Blumenarrangierens, Kalligrafievorführungen und Teezeremonien statt. Außerdem sollten sich Kunstinteressierte einen Besuch der Stadt Güstrow nicht entgehen lassen. In den historischen Räumen des Schlosses befindet sich eine der bedeutendsten mittelalterlichen Kunstsammlungen Norddeutschlands mit Gemälden von Lucas Cranach. Der Schlossgarten wurde rekonstruiert und ist mit seinen Lavendelbeeten, Hainbuchen-Laubengängen und dem Wassergraben ein wunderbarer Ort zum Lustwandeln und Verweilen. Außerdem gibt es in Güstrow einen großen Teil des Werkes des Bildhauers Ernst Barlach (1870–1938) zu sehen. In drei Museen, der gotischen Gertrudenkapelle, im Atelierhaus Barlachs am Inselsee vor den Toren der Stadt und dem neu errichteten Ausstellungsforum-Graphikkabinett sind seine Werke ausgestellt.

Fritz Reuter.

Der Dichter Fritz Reuter (1810 – 1874).

Adresse

Hofplatz
17194 Blücherhof
Tel. 039933 70356
pjekow@web.de
www.dubenhus.de

Öffnungszeiten

Mai bis September:
täglich 12 bis 22 Uhr
Oktober bis Dezember,
März bis April:
Sa und So 12 bis 22 Uhr

Plätze

20 Innenplätze,
30 Remisenplätze
30 Außenplätze

Anfahrt

Mit dem Auto A19, Abfahrt
Linstow in Richtung Malchow,

Café Dubenhus

Haben Sie schon einmal in einem Dubenhus Kaffee getrunken? Falls nicht, können Sie das auf dem ehemaligen Gut Blücherhof nachholen. Bei dem kleinen Café Dubenhus handelt es sich um ein ehemaliges Taubenhaus mit Feuerwehrpritsche im Erdgeschoss. Aber keine Sorge! Taubenfedern werden Ihnen nicht auf die Torte fallen. Die gefiederten Bewohner sind schon vor langer Zeit ausgezogen. Der ehemalige Löschteich der Feuerwehr liegt gleich neben dem Café. Der idyllische Hof ist sehr sehenswert. Gaumen und Magen werden hier bestens versorgt mit Kaffee, Torten oder Kuchen und leckerem Eis. Die Erdbeer-Buttermilch-Torte ist bei den Gästen besonders beliebt. Wer lieber etwas Deftiges zu sich nehmen möchte, kann sich den mediterranen Teller, eine Suppe oder Käsetoasts schmecken lassen. Der Biergarten hat bis spätabends geöffnet. Hier kann man gemütlich zusammensitzen und ein Glas Wein oder ein kühles Bier genießen.

Das Café befindet sich im Herzen von Mecklenburg-Vorpommern und ist von Feldern, Seen

im Kreisverkehr Abfahrt
Alt Gaarz, vor Alt Gaarz
links und dann noch 3 km
bis zum Blücherhof.
Oder B108 (zwischen Teterow
und Waren), bei Klocksin
in Richtung Klocksin / Alt
Gaarz / Blücherhof, in Klocksin
rechts, hinter Klocksin links,
dann noch 3 km bis zum
Blücherhof.

Extras

- Biergarten
- Public Viewing
- Frühstück oder Catering
  für Gruppen oder
  Veranstaltungen

Übernachtung

Eine Ferienwohnung auf dem
Hof. Buchung unter www.
herberge-bluecherhof.de

Sehenswertes in der Umgebung

- Dendrologischer Park
  Blücherhof
- Blücherhof
- Ulrichshusen
- Kraniche im Frühling und
  Herbst und andere heimi-
  sche Wildtiere (z. B. Adler)

und Wäldern umgeben. Auch der Hof und der sechs Hektar große dendrologische Park sind sehr sehenswert. Der Park hat von Mitte Juli bis Oktober geöffnet. Der Blücherhof liegt an den Radwegen „Schlösser-tour" und „Eiszeitroute" und ist nur acht Kilometer vom Rad-weg „Berlin–Kopenhagen" ent-fernt. Übernachten kann man direkt auf dem Hof und das Frühstück wird im Dubenhus serviert. Das Café wurde im Frühling 2016 nach einer län-geren Pause wiedereröffnet. Eine renovierte Remise gehört auch noch zum Café. Hier fin-den kleine Veranstaltungen wie Tatort-Abende, Bastel-stunden, Skat- und Rommé-Veranstaltungen sowie Tanz-tees statt. Der Hof befand sich ursprünglich im Besitz der Familie von Blücher. Um 1890 erwarb der Naturforscher Alexander König das Gut. Er ließ 1902 ein zweigeschossi-ges Herrenhaus im neobaro-cken Stil erbauen und legte den dendrologischen Park an. Ab 1951 wurde der Blücherhof als Ausbildungs- und Erzie-hungsstätte und danach bis 2003 als Kinderheim genutzt. Die beeindruckende Gutsanla-ge mit Torhaus, den teils res-taurierten Wirtschaftsgebäu-den, dem Marstall und dem Taubenhaus blieb weitgehend erhalten und wurde in den vergangenen Jahren liebevoll restauriert. Das Schloss wird privat genutzt. Am Tag des Offenen Denkmals öffnet die Besitzerin Besuchern die Tür.

 **Dorfladen Gessin**

Adresse

Gessin 7
17139 Gessin
Tel. 039957 18305
dorfladen@gessin.de
www.dorfladen-gessin.org

Öffnungszeiten

Laden:
Mo bis Fr 14 bis 18 Uhr,
Sa 8 bis 12 Uhr
Café:
Täglich 15 bis 18 Uhr

Plätze

20 Innenplätze
20 Außenplätze

Wer vor dem charmanten Backsteinbau des Dorfladens in Gessin steht, fühlt sich ein bisschen an die guten alten Zeiten erinnert, in denen ein „Tante-Emma-Laden" noch überall auf dem Land zu finden war. Der klassische Dorfladen ist dort heutzutage ja so gut wie gar nicht mehr anzutreffen. Bernd Kleist trotzt diesem Trend und hat in Gessin einen Dorfladen mit Café eröffnet, der von den Bewohnern der Region und von Touristen sehr geschätzt wird. Der Inhaber setzt auf regionale Produkte, die durch Authentizität und Frische überzeugen. Genuss und Gesundheit gehen hier Hand in Hand und einheimische Anbieter werden unterstützt. Das Café und der Laden bilden eine Einheit. Hier können Gäste guten Kaffee und leckeren Kuchen genießen. Der Kuchen wird auf dem Hof selbst gebacken und enthält ausschließlich Getreide der Biobauern aus der Region. Auch glutenfreie Varianten sind erhältlich. Bernd Kleist schwört auf Bio, denn so ist einfach allen geholfen. „Abgesehen vom besseren Geschmack ist bei Bio beispielsweise auch

der Einsatz von Antibiotika untersagt. Auch Gentechnik und Düngemittel sind bei Bioprodukten nicht zulässig. Da Zusatzstoffe unter Verdacht stehen, Allergien und Nahrungsunverträglichkeiten auszulösen, vermeidet man mit Naturkost diese Gefahr. Darüber hinaus tut man auch noch etwas für den Tierschutz, denn Massentierhaltung ist bei der Erzeugung von Bio-Produkten nicht zugelassen", erklärt der Inhaber. Praktisch: Nach dem Schlemmen im Café kann man noch gemütlich eine Runde im Laden drehen und seine Vorräte für die Weiterreise aufstocken. Neben den frischen Backwaren gibt es im Laden eine Käsetheke mit Sorten aus Kuh-, Schafs- oder Ziegenmilch. Das große Sortiment an Milchprodukten enthält auch

ein gutes Angebot für Vegetarier. Knackiges Gemüse, das ohne den Einsatz von Chemikalien oder Düngemitteln angebaut wurde, gibt es ebenfalls zu kaufen. Der Dorfladen unterhält Partnerschaften zu Bauern und Gärtnern aus der Region, die zweimal in der Woche frische Ware liefern. Auch kulturelle Highlights wie Konzerte, Ausstellungen und Kino hat der Hof zu bieten. Wer zwischendurch mal per Mail ein paar Urlaubsgrüße nach Hause schicken möchte, kann dies bequem im Café mit freiem WLAN-Zugang erledigen. Außerdem bietet das Café Parkmöglichkeiten für Gäste mit Wohnmobil. Sogar Elektrobikes können auf dem Hof aufgeladen werden, während die Kleinen den Spielplatz erobern.

Anfahrt

Mit dem Auto:
Von der A24 fahren Sie auf die A19 in Richtung Rostock, Ausfahrt 15 Linstow, Ausschilderung nach Malchin bis zum Abzweig Basedow, dann 2 km der Hauptstraße folgen

Extras

- Kostenloses WLAN
- Vier Stellplätze für Wohnmobile
- Auflademöglichkeit für Pedelecs und E-Mobile (Schnellladung möglich)
- Spielplatz
- Fitnessraum und Billard

Übernachtung

Es gibt eine Ferienwohnung in der Nachbarschaft.

Sehenswertes in der Umgebung

- Schloss Basedow mit malerischem Landschaftspark

Dorfladen Gessin

Adresse

Poststraße 48
18246 Baumgarten
Tel. 038462 33395
alteschulebaumgarten@gmx.de
www.alteschulebaumgarten.de

Öffnungszeiten

März bis November:
Sa und So 13 bis 17 Uhr
Zusätzlich geöffnet an
Ostermontag, 1. Mai,
Christi Himmelfahrt,
Pfingstmontag, 3. Oktober

Plätze

42 Innenplätze
55 Außenplätze

Anfahrt

Mit dem Auto:
A20, Abfahrt Bützow/
Kröpelin in Richtung Bützow.
Oder A19, Abfahrt Güstrow
Süd, dann über Bützow nach
Baumgarten

Extras

• Weitläufiger Cafégarten mit
  romantisch verwunschenen
  Sitzecken und Weidendom
• Ausstellung kalligrafischer
  Arbeiten der Café-betreiberin
• Kalligrafie-Wochenend-
  seminare
• Kleine Verkaufsgalerie mit
  Kunsthandwerk aus der
  Region
• Private Feiern, Gesellschaften
  oder Jubiläen bis 25 Personen
  mit Kaffeetafel oder leckerem
  Buffet nach Absprache
• Musikveranstaltungen

 Alte Schule Baumgarten

Wer romantische, grüne Plätze zum Verweilen und hausgemachte Leckereien liebt, sollte unbedingt bei Inis und Dirk Einbeck und ihrem Café Alte Schule Baumgarten vorbeischauen. Dort gibt es einen traumhaften 3500 Quadratmeter großen Garten mit verwunschenen Sitzecken. Bereiche mit Stauden- und Rosengehölzen, Wiesenflächen, Sträuchern und Kräutern gehen sanft ineinander über und ergeben ein gärtnerisches Paradies. Ein riesiger Weidendom wird von den grünen Zweigen liebevoll umhüllt und lädt zum Verweilen ein. Das natürliche Bauwerk ist besonders eindrücklich. Es hat einen Durchmesser von zwölf Metern und eine Höhe von sieben Metern. Die Gäste sitzen entweder mitten im Grün oder im Haus, einem ehemaligen Schulgebäude. Von 1818 bis 1820 wurde das große Schulhaus mit zwei Schulräumen, fünf Zimmern und zwei Kammern erbaut. In dem Gebäude war auch Raum für eine Scheune und einen Stall vorgesehen. Bis 1979 fand hier Unterricht statt. Jetzt leben und wirken Inis und Dirk Einbeck

Übernachtung

Im Obergeschoss der alten Schule befinden sich zwei gemütliche Ferienwohnungen, in denen jeweils bis zu vier Personen übernachten können. Die Wohnungen sind modern saniert und mit stilvollen Möbeln liebevoll eingerichtet. Zur Ausstattung gehören Kamin- oder Küchenofen, Sofa, Sessel, TV und Mini-Hifi-Anlage.

Sehenswertes in der Umgebung

• Baumgarten
• Warnowebene, Warnow-Durchbruchtal
• Naturpark Sternberger Seenland
• Badesee in Glambeck
• Hansestädte Wismar und Rostock sowie die Landeshauptstadt Schwerin
• Ostsee
• Barlachstadt Güstrow
• Kloster Rühn
• Stiftskirche Bützow
• Großsteingräber in Katelbogen und Boitin
• Slawisches Freilichtmuseum in Groß Raden

in der ehemaligen Schule, die auch das Café beherbergt – ein wunderbarer Platz, um sich von einer Kanutour auf der Warnow, einer Wanderung oder Radreise zu erholen. Die Inhaberin zaubert für Sie hausgebackene Torten und Kuchen sowie Kaffee- und Teespezialitäten. Für alle, die es eher deftig mögen, gibt es herzhaften Kuchen oder eine Suppe. Der Ort Baumgarten liegt in der malerischen Landschaft der Warnowebene im nördlichen Bereich des Naturparks Sternberger Seenland. Die Warnow mit ihrem klaren Wasser mäandert heiter durch Wiesen und Wälder. In dem sanft hügeligen Landstrich rings um den Ort finden sich ausgedehnte Wiesen, Felder und Wälder,

die zu Wander- und Fahrradtouren einladen. Da lohnt es sich doch, gleich etwas länger zu bleiben und sich alles in Ruhe anzusehen. Übernachten können Sie direkt bei den Einbecks. Das Café Alte Schule bietet Besuchern zwei komfortable Ferienwohnungen im Obergeschoss. Auch Kultur gibt es hier zu erleben. Neben Veranstaltungen wie Gitarrenkonzerten stellt Inis Einbeck in der Cafégalerie ihre kalligrafischen Arbeiten aus und bietet in einer kleinen Verkaufsgalerie regionales Kunsthandwerk an. Wer von den Schriften der Inhaberin begeistert ist und das Handwerk der Kalligrafie näher kennenlernen möchte, kann an einem Wochenendseminar teilnehmen.

Alte Schule Baumgarten

 **Hofladen und Hofcafé Klinder**

Adresse

Dorfstraße 2
17166 Dahmen
Tel. 039933 71231
info@hofcafe-klinder.de
www.hofcafe-klinder.de

Öffnungszeiten

Mai bis September:
Mi bis So 13 bis 18 Uhr
Oktober bis April:
Fr bis So 13 bis 17 Uhr

Plätze

44 Innen- und Außenplätze

Mitten in der landschaftlich reizvollen Mecklenburgischen Schweiz, im beschaulichen Örtchen Dahmen, liegt das Hofcafé Klinder. Am Fuße des Malchiner Sees haben Birgit Klinder und ihre Familie eine wahrhaft „süße" Oase geschaffen. Im kleinen Hofladen werden zahlreiche Produkte aus der Region angeboten, darunter Bio-Kartoffeln vom Hofbauern, Eier von „glücklichen Hühnern", Sanddornspezialitäten, Honig, regionale Wurstwaren sowie Souvenirs und Dekoartikel – ideale Mitbringsel für die Lieben daheim!

Im Garten unter Apfelbäumen oder im alten Bauernhaus können die Gäste des Hofcafés nach Herzenslust schlemmen und den Alltagsstress vergessen. Auch nach einem Besuch des wunderschönen Naturparks Mecklenburgische Schweiz und Kummerower See oder einem ausgedehnten Spaziergang am Malchiner See ist das Café Klinder ideal für eine kurze oder auch längere Rast.
Drei liebevoll im antiken Stil eingerichtete Caféstübchen schaffen eine äußerst gemütliche Wohlfühlatmosphäre.

Anfahrt

Mit dem Auto:
A19 Abfahrt Linstow (15),
L204 und L20 Richtung
Malchin, kurz vor der Ortsein-
fahrt Dahmen links abbiegen.

Extras

Hofladen mit
- frischen Kartoffeln vom
  Hofbauern „Bio-Bernd"
- Sanddornspezialitäten
- Honig
- regionalen Wurstwaren
- Souvenirs, Dekorations-
  und Geschenkartikeln

Sehenswertes
in der Umgebung

- Malchiner See
- Schlösser Basedow,
  Ulrichshusen und
  Burg Schlitz
- Müritz und der
  Kummerower See
- Malchiner See und das
  zauberhafte Burgtal

Aus einem täglich wechselnden Angebot verschiedener Torten und Blechkuchen fällt dem Gast die Auswahl schwer: erfrischende Zitronentorte oder doch lieber zartcremige Mokka-Nuss-Torte? Birgit Klinder backt die süßen Leckereien nach alten Familienrezepten, dazu serviert sie frisch gemahlene Kaffeespezialitäten oder Tee. Kleine und große Gäste freuen sich über eine vielseitige Eiskarte. Wem der Sinn nicht nach süßen Schlemmereien steht, für den gibt es Schmalz- oder Wurstbrot. Ein Trampolin zum Toben wartet auf die Kinder im Bauerngarten. Auch die Ochsen und Hühner vom Biobauern freuen sich über einen Besuch.

 **Marens Café-Schmiede**

Adresse

Gessiner Straße 18
17139 Basedow
Tel. 039957 29856
cafeschmiede@yahoo.de

Öffnungszeiten

April bis Oktober:
täglich 11 bis 18 Uhr

Plätze

22 Innenplätze
23 Außenplätze

Die Gemeinde Basedow befindet sich in einem lang gestreckten Tal in der Mecklenburgischen Schweiz. Stille Seen, sanfte Hügel, Wälder und Niedermoorgebiete, in denen Kraniche, Adler und Fischotter leben, prägen diesen wunderschönen Landstrich. Wer die Region bereist, kommt immer wieder an verträumten Dörfern vorbei, in denen Herren- und Gutshäuser sowie Schlösser ihre alten Geschichten erzählen. Zu den meistbesuchten Schlössern in der „Schweiz" gehört das Schloss Basedow. Bis zum Ende des Zweiten Weltkriegs war es im Besitz der Familie von Hahn, einem Adelsgeschlecht, das seit dem Mittelalter zahlreiche architektonische Zeugnisse im Ort hinterlassen hat. Die Reste der alten Burg, das imposante Schloss, der große Lenné-Park, der überdimensionale Marstall, die alte Kirche und viele Stülerbauten gehören dazu.

Direkt gegenüber vom Schloss hat Maren Splitt ein ganz besonderes Ausstellungscafé eröffnet. Sehr praktisch, denn so kann man sich nach einem Rundgang im Schloss gleich

für die nächste Station seiner Reise stärken. Das Café befindet sich in einer alten Schmiede, die liebevoll eingerichtet und mit vielen außergewöhnlichen Sammlerstücken dekoriert wurde. Tischgestelle aus ehemaligen Nähmaschinen, mit historischen Fotografien und Dokumenten versehene Vitrinen, Geschirr und alte Kaffeemaschinen zieren das Café. Hier gibt es einiges zu bestaunen, sowohl im Café als auch draußen. Das Café liegt sehr malerisch direkt am Dorfteich mit Blick auf das Schloss. Wer sich für Geschichte interessiert und gern hausgemachte Köstlichkeiten schlemmt, wird sich hier rundum wohlfühlen. Ob Blaubeerecke, Quarkkuchen mit Himbeermus oder Mohnkuchen mit Streuseln –

Maren Splitt verwöhnt ihre Gäste mit selbst gebackenen Leckereien. Die Auswahl ist groß: Acht bis zehn verschiedene Sorten stehen täglich auf der Karte. Dazu gibt es diverse Kaffee- und Kuchenspezialitäten und leckere Eisbecher wie den „Basedower Sommertraum" oder den „Heißen Schmiedebecher". Wer noch mehr über das Schloss und seine ehemaligen Besitzer wissen möchte, kann sich ebenfalls an die sympathische Inhaberin wenden. Als Gesellschaftsdame der Gräfin Anna von Hahn auf Basedow lädt Sie Maren Splitt im Kostüm auch gern zu Führungen durch das Schloss ein. Sie kennt viele Anekdoten, die sich um das Schloss ranken und lässt ihre Besucher gern daran teilhaben.

Anfahrt

Das Café liegt am Malchiner See an der Deutschen Alleenstraße zwischen Waren (Müritz) und Malchin.

Extras

- Viele historische Ausstellungsstücke
- Eine große Kuchenauswahl
- Führungen im Schloss

Sehenswertes in der Umgebung

- Schloss Basedow
- Kirche und alte Burg in Basedow
- Stülerbauten (z. B. Marstall, Brauerei)
- Lenné-Park

Marens Café-Schmiede

Adresse

Wargentiner Straße 7
17139 Basedow
Tel. 039957 20454
alter.schafstall@t-online.de
www.alter-schafstall-
basedow.de

Öffnungszeiten

April bis Oktober:
8 bis 18 Uhr
Adventswochenenden:
Sa und So 11 bis 17 Uhr

Plätze

100 Innenplätze
70 Außenplätze

Anfahrt

Mit dem Auto:
A19 und dann B104 bzw.
B108. Das Café liegt in der

Alter Schafstall

Wenn man das Café Alter Schafstall in Basedow betritt, taucht man augenblicklich in eine gemütliche, charmant rustikale Welt ein. Auf einem Stück Holz im Eingangsbereich steht geschrieben: „Dieses Haus ist sauber genug, um sich darin wohlzufühlen, und schmutzig genug, um glücklich zu sein." Das Café befindet sich in einem ehemaligen Stallgebäude aus dem 18. Jahrhundert. Einst trafen sich hier jährlich die Schafzüchter aus ganz Deutschland zur Basedower Bockauktion. 1999 wurde der ehemalige Stall zum Bauern-markt und Café mit Ausstellung umgebaut. Inhaber Sven Krüger und sein Team verwöhnen die Gäste hier mit süßen und herzhaften Speisen. Leckermäulchen sei das himmlische Tortensortiment ans Herz gelegt. Sie haben die Wahl zwischen Tortenkreationen der Geschmacksrichtungen Erdbeer-Mascarpone, Stachelbeer-Baiser, Nougat-Marzipan, Stracciatella-Pfirsich, Mohn-Sahne und vielen weiteren. Auch frühstücken und zu Mittag essen kann man im Alten Schafstall. Es gibt mecklenburgische Speisen und deftigen Eintopf für

Nähe des Malchiner Sees an der Deutschen Alleenstraße zwischen Waren (Müritz) und Malchin.

Extras

- Bauernmarkt mit vielen regionalen Produkten
- Tagesprogramm für Gruppen mit Schlossbesichtigung, Kirchenführung, Kremserfahrt, Lenné-Park-Rundgang, Mittagessen und Kaffeetafel im Alten Schafstall
- Bewirtung von Reisegruppen
- Familien- und Betriebsfeiern (nach Anmeldung)
- Großer Trödelmarkt am Herrentag (Vatertag) in der Fest- und Eventhalle

Übernachtung

Ferienwohnungen sind in der Nähe verfügbar, z. B. über www.fewo-basedow.de

Sehenswertes in der Umgebung

- Schloss Basedow
- Kirche zu Basedow
- Denkmalgeschützter Dorfkern
- Marstall von 1835
- Ivenacker Eichen
- Burg Schlitz

die ganze Familie. Sauerfleisch mit Brot, Matjeshering mit Äpfeln und Pellkartoffeln, Kesselgulasch oder Basedower Rote Grütze mit Vanillesoße sind nur einige der Gerichte auf der Karte. Alle Speisen sind hausgemacht und werden täglich frisch zubereitet. Dazu reichen die Gastgeber heiße oder eiskalte Getränke und Bier vom Fass. Neben dem Cafébetrieb findet sich im Alten Schafstall auch ein Bauernmarkt mit Verkaufsausstellung. Wer noch ein Mitbringsel oder ein Erinnerungsstück sucht, wird hier gewiss fündig. Ländliche Produkte der Umgebung wie Hausgeschlachtetes, Marmeladen, Keramik, Silber und Glas, aber auch Wolle und warme Pullover, feines Leinenzeug, Blaugedrucktes und Naturkosmetik gibt es hier zu kaufen. Das Café beherbergt auch noch einen Biergarten, in dem die Gäste bei schönem Wetter ein bisschen Sonne tanken können. Von hier aus lässt sich die Landidylle wunderbar genießen. Das Basedower Schloss ist in Sichtnähe, und mit etwas Glück erhascht man einen Blick auf das Storchenpaar mit seinen Jungen, das es sich gleich neben dem Café in luftigen Höhen bequem gemacht hat. Neben Schlemmergenüssen und Einkaufsmöglichkeiten bietet das Team Alter Schafstall interessierten Gästen Kutschfahrten durch den Park und den Ort an. Auch bei der Organisation der Tickets für Führungen durch das Schloss und für Orgelkonzerte in der Kirche zu Basedow mit ihrer wertvollen Renaissanceausstattung und uralten Orgel ist Ihnen der Alte Schafstall behilflich.

Alter Schafstall

Mecklenburgische Seenplatte

Plauer
See

Müritz

Müritz
Nationalpark

Hofcafé Pfarrhof Stuer

1   82

Dorfstraße 20
17209 Stuer
Tel. 039924 750075

Café Scheune

3   86

Dorfstraße 1
17209 Wredenhagen
Tel. 039925 2346

Café im Wangeliner Garten

2   84

Vietlübber Straße
19395 Ganzlin, OT Wangelin
Tel. 038737 499878

Töpferhof Steuer

4   88

Granzin 4
17237 Kratzeburg
Tel. 039822 20242

73

Der Tiefwarensee im Müritz-Nationalpark am nordöstlichen Stadtrand von Waren.

Die Mecklenburgische Seenplatte wird auch liebevoll das Land der tausend Seen genannt. Und das völlig zu Recht, denn genau genommen sind es sogar 1117 Binnenseen, die sich in dieser märchenhaft schönen Region befinden und die größte zusammenhängende Seenlandschaft Mitteleuropas bilden. Nicht einmal eine Autostunde nördlich von Berlin beginnt sich in der Mecklenburgischen Seenlandschaft See an See zu reihen. Das Gebiet liegt südlich der Mecklenburgischen Schweiz. Die Eiszeit formte damals die Jungmoränenlandschaft aus Hügeln, Seen und Flüssen. Ein landschaftliches Paradies, das sich erstklassig für Touren aller Art eignet. Die Städte Waren, Neustrelitz und Neubrandenburg liegen in die-

ser wasserreichen Region, die auch die Müritz einschließt. Die Müritz ist Deutschlands größter Binnensee (im Gegensatz zum Bodensee liegt die Müritz vollständig in Deutschland). Die slawischen Ureinwohner bezeichneten sie früher daher als „kleines Meer".

Auch der Müritz-Nationalpark mit einer Fläche von 322 Quadratkilometern und fünf Naturparks (Sternberger Seenlandschaft, Mecklenburgische Schweiz und Kummerower See, Stechlin-Ruppiner Land, Nossentiner/ Schwinzer Heide und die Feldberger Seenlandschaft) gehören zur Region. Naturfans mit einer Leidenschaft für die Vogelwelt sollten stets die Kamera gezückt halten. Die Wahrscheinlichkeit, Fisch- und Seeadlern zu

Der Blick über die Müritz zur Altstadt Waren.

begegnen, ist im Müritz-Nationalpark sehr hoch, da die Tiere hier heimisch sind und das Gebiet zum größten europäischen Brutrevier gehört. Aber auch seltene Singvögel, die in den Schilfgürteln am Ufer leben, oder den nur 15 Zentimeter großen blauen Eisvogel gibt es hier zu entdecken. Besonders viel Glück soll die Region im Herbst bringen. In dieser Zeit sammeln sich dort Tausende Kraniche, die in Japan als Glücksbringer gelten.

Die Weite der unberührten Natur schafft ideale Bedingungen, um abzuschalten, sich zu regenerieren und zu entschleunigen, z. B. in einem Bootshaus direkt am See oder in einem Hausboot auf dem See. Wer sich für ein schwimmendes Feriendomizil entscheidet und ein Hausboot mieten möchte, braucht keinen Führerschein. Nach einer kurzen Einweisung vom Bootsvermieter kann es schon losgehen. Von der Yacht bis zum Bungalowboot für zwei bis zwölf Personen ist alles dabei, Rundum-Seeblick und Frühstück zwischen den Seerosen gibt's inklusive. Oder möchten Sie lieber ländlich in einem der Schlösser, Gutshäuser, Klöster und alten Burgen wohnen und speisen? Über tausend Domizile schmiegen sich in die weite Landschaft der Mecklenburgischen Seenplatte. Um die einhundert Einrichtungen stehen den Besuchern für Besichtigungen und kulinarische Genüsse offen. Für Wassersportler, Wasserfans und Schiffsbegeisterte ist die Mecklenburgische

Sonnenuntergang im Müritz-Nationalpark.

Seenplatte das Paradies. Das Gebiet gehört zu den abwechslungsreichsten Kanurevieren Deutschlands und bietet diverse Strecken von rund 600 Tourenkilometern. Es gibt über 40 Kanuvermieter, die gern bei der Tourenplanung weiterhelfen.

Neben der Müritz mit einer Gesamtfläche von 117 Quadratkilometern gibt es viele weitere blaue Riesen mit attraktiven Höhepunkten zu entdecken. Der Plauer See kann in einem roten Doppeldeckerbus in zwei Stunden umrundet werden. Die Passagiere können beliebig ein- und aussteigen und so selbst entscheiden, ob sie lieber die Altstadt von Plau, den Strand oder den Bärenwald besuchen möchten. Im Bärenwald leben 17 Braunbären in

einem 16 Hektar großen Park. Der Kölpinsee liegt nördlich der Müritz und ist für seine Aale bekannt. Auf der Halbinsel Damerower Werder leben Wisente im Freigehege, die man besonders gut am Morgen beobachten kann, wenn sie mit Seewasser ihren Durst stillen. Bei vielen Touristen ist der Fleesensee mit seinem großen Urlaubsresort sehr beliebt. Es wartet mit Hotels, Golfplätzen, Spa- und Saunalandschaften und zahlreichen Restaurants auf. Von hier aus sind auch die Altstädte von Malchow und Waren flink erreicht.

Der Malchower See umschließt die Inselstadt von Malchow, in der man ein Kloster mit Orgelmuseum, den Affenwald und die Sommerrodelbahn besuchen kann. Ebenfalls zu empfehlen

Wasservögel, wie dieser Schwan, genießen an der Mecklenburgischen Seenplatte paradiesische Zustände.

ist ein Spaziergang rund um die Drehbrücke. Hier lässt es sich wunderbar flanieren. In Waren sollte man sich den idyllischen Stadthafen und das Müritzeum nicht entgehen lassen. In einer interaktiven Ausstellung wird über die Schönheiten und Besonderheiten der Mecklenburgischen Seenplatte und des Müritz-Nationalparks informiert. Dabei stehen die Themen Lebensräume Wald, Wasser, Moor und Luft im Fokus. Außerdem beherbergt das Müritzeum Deutschlands größte Aquarienlandschaft für heimische Süßwasserfische. Thermengängern sei das Heilbaden in der jodhaltigen Thermalsole der Müritz-Therme empfohlen. Waren gilt als himmlischer Platz der Entspannung für Körper, Geist und Seele.

Theodor Fontane, der den Sommer 1896 im Luftkurort Waren verbrachte, soll an einen Freund in Berlin geschrieben haben: „Sollte Ihre Gesundheit einer Aufbesserung bedürfen, so kann ich Ihnen keinen besseren Platz empfehlen. Die Luft ist wundervoll, und je nach dem der Wind steht, bin ich auf unserem Balkon von einer feuchten Seebrise oder, von der Waldseite her, von Tannenduft und -luft umfächelt."
Für alle, die Hörbücher lieben, ist das kleine Örtchen Federow ein charmanter Geheimtipp. In der 100-Seelen-Gemeinde am Eingang zum Müritz-Nationalpark befindet sich nämlich eine ganz besondere Kirche. Die Feldsteinkirche aus dem 13. Jahrhundert war lange Zeit ungenutzt, bis sie eine außergewöhnliche

Sonnenaufgang am Schwarzer See im Landkreis Mecklenburg-Strelitz.

Idee vor dem Verfall rettete. Sie wurde saniert und präsentiert sich heute als die erste Hörspielkirche Deutschlands. Die Besucher nehmen auf den Holzbänken Platz und lauschen. Nachmittags läuft das Kinderprogramm und abends gibt es Hörspiele für Erwachsene. Auch Lesungen finden dort statt. Der Eintritt ist frei und auf Spendenbasis.

Die herrliche Landschaft der Mecklenburgischen Seenplatte erobert man am besten zu Fuß oder mit dem Rad. Mit dem Nationalparkticket lassen sich aber auch Touren mit dem Bus oder Schiff kombinieren. Radeln Sie auf dem 115 Kilometer langen Müritz-Rundweg, der direkt durch den Müritz-Nationalpark führt. Pilgerbegeisterte erwandern auf dem Pilgerweg Mecklenburgische Seenplatte eine der schönsten Regionen im Nordosten Deutschlands. Startpunkt ist die Stadt Friedland im Landkreis Mecklenburg-Strelitz. Von dort geht es nach Neubrandenburg und dann weiter auf einer West- oder Ostroute um den Tollensesee. Die Tour endet in Mirow am See südlich der Müritz. Die gesamte Strecke beträgt 250 Kilometer. Wer nicht den ganzen Weg laufen möchte, geht einfach ein Teilstück und genießt Wälder, Wiesen und Seen. Alle, die es etwas weniger aktiv und dafür etwas gemütlicher mögen, machen eine Dampferfahrt, essen Fischbrötchen, beobachten die Möwen und die Windsurfer. Wenn Sie in Röbel vorbeikommen, sollten Sie nicht versäumen,

Im Bärenwald Müritz, einem Bärenschutzzentrum, fühlen sich die pelzigen Gesellen sichtlich wohl.

auf den Kirchturm zu steigen. Von dort aus lässt sich eine gigantische Aussicht auf die Weite der Müritz genießen.

Die gesamte Mecklenburgische Seenplatte ist ein Eldorado für Geografieinteressierte, die Freude daran haben, die Spuren der Eiszeit zu entdecken. Auf einer 666 Kilometer langen Eiszeitroute, die durch die Mecklenburgische Seenplatte und die Mecklenburgische Schweiz führt, gibt es viel zu entdecken. Der Geopark Mecklenburgische Eiszeitlandschaft zeigt Findlinge, Hügelketten, weite Sanderflächen, geheimnisvolle Moore und Quellen. Die Route ist gut ausgeschildert. Grundmoränen, Tunneltäler und Oser, Endmoränen mit natürlichen Blockpackungen und Kesselmoore mit

seltener Vegetation gibt es im Geopark zu sehen. Eine erfrischende Pause genießt man bei einem Bad in einem der klaren Rinnen- und Toteisseen der Sandergebiete.

Ein Highlight für Baumliebhaber und ein Kleinod der Mecklenburgischen Seenplatte sind die im Müritz-Nationalpark gelegenen Buchenwälder bei Serrahn östlich von Neustrelitz nahe der Feldberger Seenlandschaft. Die Wälder erstrecken sich über eine Fläche von 268 Hektar und gehören zu den herausragenden Naturschätzen. 2011 ernannte die UNESCO dieses Fleckchen Erde zum Weltnaturerbe. Besucher starten am besten vom Parkplatz unmittelbar in Zinow und wandern auf dem Walderlebnispfad nach Serrahn. Im Herbst verwandelt sich

Neubrandenburg wird auch als „Vier-Tore-Stadt" bezeichnet. Hier sieht man das Stargarder Tor.

der Buchenwald in eine Landschaft aus purem Blattgold. Hier kann man den deutschen Indian Summer hautnah erleben und sich über die zahlreichen Kraniche freuen. Auch Feldberg ist einen Ausflug wert. Viele beschreiben das kleine Örtchen als Kronjuwel im Land der tausend Seen. Neben dem glasklaren Wasser, das auch Taucher anzieht, hat die Gemeinde, die auf sanften Tourismus setzt, eine lange Tradition als Kur- und Erholungsort, an dem man kneippen und gesunden kann. Der Schriftsteller Hans Fallada (1893–1947) fand in einem Haus am Carwitzer See bei Feldberg auf einer wunderschönen Halbinsel mit Bauernhof und Streuobstwiese den lang ersehnten Zufluchtsort aus Berlin.

Kunst- und Architekturinteressierte sollten sich nicht entgehen lassen, einen Teil der Europäischen Route der Backsteingotik zu entdecken, und Neubrandenburg einen Besuch abstatten, das auf eben jener Route liegt. Die vier spätgotischen Stadttore haben dem Ort den Namen „Vier-Tore-Stadt" eingebracht. Die Tore, die Stadtmauer und die 25 Wiekhäuser bilden ein sehenswertes Ensemble. Musikalisch geht es in der Konzertkirche von Neubrandenburg zu, die mit ihrem beeindruckenden Klangraum als Konzerthaus von internationalem Rang gilt. Nach der Zerstörung der Kirche im Zweiten Weltkrieg wurde sie 2001 als akustisches Meisterwerk wiedergeboren. Die Neubrandenburger Philharmoni-

Vom Aussichtspunkt Belvedere in Neubrandenburg genießt man eine grandiose Aussicht auf die umliegende Landschaft.

ker verzaubern die Besucher dort regelmäßig mit ihren Aufführungen. Auch die Festspiele Mecklenburg-Vorpommern finden zum großen Teil in Neubrandenburg statt. Wer sich für Sprache und Dialekte interessiert und einmal Plattdeutsch im Original hören möchte, versucht sich entweder mit den Dorfältesten anzufreunden oder aber besucht eine Aufführung an der niederdeutschen Bühne des Theaters und Orchesters Neubrandenburg/Neustrelitz. Auch Neustrelitz ist einen Ausflug wert.

Neben der barocken Stadtanlage mit prächtigen Kirchen und Stadtpalästen gibt es dort eine beeindruckende Skulpturengalerie mit Werken des Bildhauers Ernst Barlach zu sehen. Im Schlossgarten Neustrelitz sorgen während der Festspiele Musicals und Operetten für beschwingte Sommerabende. Besuchen Sie auch die schmucken Örtchen Fürstenberg, Rheinsberg, Wesenberg und Mirow und entdecken Sie die riesige Linde in Wesenberg.

Der Eisvogel hat eine Körperlänge von bis zu 18 Zentimetern.

Adresse

Dorfstraße 20
17209 Stuer
Tel. 039924 750075
info@pfarrhof-stuer.de
www.pfarrhof-stuer.de

Öffnungszeiten

Mai bis Oktober:
täglich 14 bis 18 Uhr
November bis April:
Sa und So sowie
Feiertage: 14 bis 18 Uhr
Weihnachten und
Silvester geschlossen

Plätze

25 Innenplätze
in der Amtsstube
40 Außenplätze im Pfarrgarten

Anfahrt

Das Café liegt an der B198
zwischen Plau und Röbel,
hinter der Kirche auf dem
Pfarrhof, 1 km entfernt vom
Bärenwald Müritz.
Mit dem Rad über den Mecklenburgischen Seenradweg
von Lüneburg nach Usedom.
Mit dem Auto A19 Abfahrt
Plau am See/Röbel Rich-
tung Plau. Oder A24 Abfahrt
Putlitz, Richtung Meyenburg,
dann Plau/Neustrelitz

Extras

• Historischer Pfarrhof mit
  Fachwerkwänden und alten
  Kirchenbänken in der Stube
• Im Sommer Cafégarten
  unter uralten Kastanien mit
  Blick auf die Streuobstwiese

 Hofcafé Pfarrhof Stuer

Im südöstlichsten Zipfel des Müritzkreises zwischen Plau und Röbel hinter der holz- verkleideten Fachwerkkirche befindet sich der Pfarrhof Stuer. Schon beim Betreten des Hofes mit dem Pastoren- haus und der Pfarrscheune werden die Besucher augen- blicklich in eine frühere Zeit entführt. Bei schönem Wet- ter macht man es sich un- ter dem Blätterdach uralter Bäume im naturbelassenen Pfarrgarten mit Blick auf die angrenzende Streuobstwie- se gemütlich und lauscht dem Gezwitscher der Vögel.

Im Winter wärmt ein nostal- gischer Ofen, die gusseiser- ne Küchenhexe, die Gäste auf. Originale Kirchenbänke und hübsch dekorierte Tische erwarten die Besucher. Auf allerlei gesammeltem und vererbtem selbst gebackene, traditionelle Köstlichkeiten serviert. Ofenwarmer He- fe-Streuselkuchen, eine ver- führerische Käsetorte mit Beeren oder die Lieblingstorte früherer Pastorentöchter mit Rhabarber, Sahne und Baiser? Oder doch lieber ein Stück Mohn-Schmand-Kuchen nach altem schlesischen Rezept?

Am besten, Sie probieren gleich mehrere Leckereien. Anschließend streichelt ein Likörchen aus Rosenblüten oder die „schwarze Sau" aus Lakritze Ihren Gaumen. Auch Hochprozentiges und ungewöhnliche Marmeladen aus Gartenfrüchten, wie die „Schwarze Johanna" mit Kaffee und Rotwein oder ein Gelee aus Löwenzahnblüten, das von der Hausherrin selbst zubereitet wird, stehen zur Auswahl. Die Inhaber Manja Wulf und Gunnar Schütt erzählen den Gästen gern vom abenteuerlichen Umbau des betagten Pfarrhauses, berichten von der Geschichte des Gutsdorfes und geben Ausflugstipps für die Region.

Wer länger als einen Nachmittag im ursprünglichen Landidyll verweilen und übernachten möchte, findet hier den richtigen Ort zum Entspannen. Die mit alten Möbeln eingerichteten Ferienwohnungen sind sehr gemütlich und liebevoll ausgestattet. Sie bieten alles für den Urlaub zu zweit, mit der Familie oder in großer Runde mit vielen Freunden. Abends gibt es nach Anmeldung ein „Abendmahl", bei dem alle gemeinsam an einer Tafel sitzen, Feines aus Topf und Schüssel teilen und selbst gebackenes Kartoffel-Rosmarin-Brot genießen. Ein wunderbarer Platz zum Wohlfühlen.

- Das Café in der Amtsstube kann nach Vereinbarung auch außerhalb der Öffnungszeiten für Feiern genutzt werden

Übernachtung

Liebevoll und originalgetreu eingerichtete Ferienwohnungen mit Blick auf den Flachsee, die Kirche oder den Pfarrgarten, für 2 bis 22 Personen

Sehenswertes in der Umgebung

- Bärenwald Müritz mit Freigehege für 17 Braunbären in artgerechter Haltung
- Plauer See
- Müritz
- Mecklenburgische Großseenplatte
- Naturbelassene Umgebung mit vielfältiger Tier- und Pflanzenwelt

Hofcafé Pfarrhof Stuer

Adresse

Vietlübber Straße
19395 Ganzlin, OT Wangelin
Tel. 038737 499878
cafe@wangeliner-garten.de
www.wangeliner-garten.de

Öffnungszeiten

April bis Oktober:
Fr bis So und Feiertage
12 bis 17 Uhr
Mai bis September:
täglich 10 bis 18 Uhr

Plätze

38 Innenplätze
42 Außenplätze

Anfahrt

Mit dem Auto:
B103 zwischen Dresenow und
Ganzlin Abfahrt in Richtung
Wangelin, am Ortseingang
von Wangelin der Hauptstraße
200 m folgen

Mit dem Bus:
Zum Linienverkehr von Plau am
See nach Wangelin informiert
die VLP Verkehrsgesellschaft
Ludwigslust-Parchim mbH

Anfahrtsskizze siehe
www.wangeliner-garten.de

Extras

• Café und Garten sind für
  Rollstuhlfahrer zugänglich,
  im Café gibt es ein behin-
  dertengerechtes WC
• Spielplatz mit „Maulwurfs-
  hügel" und „Zauberblume"
• Weidenlabyrinth

Café im Wangeliner Garten

Kuchen, Torten und Strudel mit frischen Früchten aus dem Bauerngarten, Suppen mit Kräutern und Gemüse der Saison aus eigenem Anbau, Salat aus den fleischigen Blättern der Rehzunge mit frisch geernteten Wildkräutern und essbaren Blüten, dazu saftiges Brot mit Kräuterbutter – da bekommt man doch augenblicklich Appetit. Im Café des Wangeliner Gartens kommen die Zutaten der süßen und pikanten Gerichte frisch geerntet auf den Teller. Der biozertifizierte Garten ist nämlich etwas ganz Besonderes. Auf dem 1,5 Hektar großen Areal beherbergt die ökologisch betriebene Anlage nicht nur einen Schmetterlingsgarten, Bereiche mit historischen Nutz- und Duftpflanzen, sondern auch einen großen Bauerngarten im historischen Stil mit zahlreichen Gemüse- und Kräuterpflanzen, naturbelassenes Terrain mit einer Streuobstwiese sowie einen stattlichen Heilpflanzengarten. Die im größten Kräutergarten Mecklenburgs angebauten Gemüse- und Kräuterpflanzen werden erntefrisch in der Küche des

- Gartenladen mit Pflanzen, Büchern, regionalem Handwerk und Produkten aus eigener Produktion
- Einzigartige ökologische Lehmbauten auf dem Gelände
- Seminarhaus mit Platz für Feiern und Tagungen für bis zu 50 Personen

Übernachtung

Ökologisch erbaute und liebevoll eingerichtete Gästezimmer, gemütliche Bauwagen oder Camping auf dem Gelände des Wangeliner Gartens (Anmeldung über Website, Tel. 017696526874 oder unterkunft@ wangeliner-garten.de)

Sehenswertes in der Umgebung

- Plau am See
- Lehmmuseum Gnevsdorf
- Bienenmuseum Quetzin
- Alte Ziegelei Benzin
- Agroneum Alt-Schwerin
- Bärenwald Müritz
- Modemuseum Meyenburg
- Archäologischer Park Freyenstein

Cafés verarbeitet. So können die Gartenbesucher nach einem Rundgang durch die schöne Anlage die soeben in freier Natur betrachteten Pflanzen frisch genießen. Wenn die Selbstversorgung an ihre Grenzen stößt, finden regionale und ökologische Produkte der Saison Verwendung in der Küche. Jedem Gast empfohlen seien die Nudelteigtaschen mit unterschiedlichen Füllungen und der Gartensalat mit Wildkräutern und hausgemachtem Kräuterdressing. Je nach Saison ergänzt eine Tageskarte mit jahreszeitlichen Köstlichkeiten die Speisekarte. Auch die Getränkekarte bietet neben Kaffee und regionalem Bier Leckeres aus eigenem Anbau: Neben frischen Kräutertees gibt es auch außergewöhnliche Säfte wie Apfel-Aronia- oder Apfel-Sellerie-Saft, die in einer nahe gelegenen Mosterei hergestellt werden. Im Sommer lockt das Gartencafé die Gäste ins Grüne, bei kühlem Wetter machen es sich die Besucher am warmen Lehmofen des Cafés gemütlich.

Adresse

Dorfstraße 1
17209 Wredenhagen
Tel. 039925 2346
www.cafescheune.de
info@cafescheune.de

Öffnungszeiten

Sommer:
Mi bis Fr   15 bis 22 Uhr
Sa und So 15 bis 22 Uhr
Winter: Fr 17 bis 22 Uhr
Sa und So 15 bis 22 Uhr

Plätze

Insgesamt ca. 40 Plätze

Anfahrt

Mit dem Auto erreichen Sie
Wredenhagen über die A19
oder die B198

3 Café Scheune

Scheunen-Flair, ein buntes Kulturprogramm und eine ureigene Herzlichkeit gibt es bei Lilly und Hansi Witt in Wredenhagen zu erleben. Das Café Scheune liegt ganz idyllisch in der Natur, abseits von Straßenlärm, mitten im Grünen. Schon von außen sieht der mit Kletterpflanzen bewachsene rote Backsteinbau sehr einladend aus. Im Café schlemmen Sie leckeren hausgemachten Kuchen, der täglich frisch von Oma Elli mit viel Liebe gebacken wird. Entweder Sie sitzen im Garten und schauen auf stille, weite Felder und Wiesen oder Sie nehmen im Inneren des Cafés Platz und erfreuen sich an der urigen Deko aus alten Küchengeräten, Geschirr, nostalgischen Fliesen und antiken Bildern zwischen altehrwürdigen Scheunenbalken. Ein wunderbarer Platz, um mal wieder so richtig zur Ruhe zu kommen und sich rundum wohlzufühlen. Wer länger bleiben möchte, kann sich einfach ein paar Tage in der Pension des Cafés einmieten. Das renovierte und sanierte Gästehaus war einst eine Scheune. Zwei Ferienwohnungen, aber auch

einzelne Zimmer können hier gebucht werden. Eine große Terrasse, auf der man ein himmlisches Sonnenbad genießen kann, gibt es am Haus. Besonders romantisch sind die malerischen Sonnenuntergänge, die man von hier aus beobachten kann. Das Café Scheune ist ein idealer Ausgangspunkt für Ausflüge in die Region. Die Müritz, die Burg Wredenhagen und der Bauernmarkt in Bollewick befinden sich ganz in der Nähe. Die Inhaber Lilly und Hansi Witt geben ihren Gästen gern Empfehlungen und helfen bei der Auswahl Ihrer Ausflugsziele. Neben den süßen Café-Schlemmereien im nostalgischen Scheunenam-

biente werden die Gäste hier aber auch mit Filmkunst, Ausstellungen und Livekonzerten verwöhnt. Regelmäßig schallen hier rockige Töne durch die Scheune, die man besonders gut bei einem Glas Wein oder tanzend genießen kann. Auch die regelmäßig stattfindenden Kinoabende sind sehr beliebt. Dabei sitzen die Gäste in bequemen Ohrensesseln und schauen ausgewählte Filme. In der oberen Etage wartet darüber hinaus ein großer Ausstellungsbereich darauf, von den Besuchern entdeckt zu werden. Dort gibt es wechselnde Ausstellungen mit Werken von Künstlern aus der Region zu sehen.

Extras

- Livekonzerte, Ausstellungen, Kino
- Ferienwohnungen und Zimmer
- Ausstellung mit wechselnden Künstlern aus der Region
- Parkplätze direkt vor Ort

Übernachtung

Im renovierten und sanierten Gästehaus stehen zwei Ferienwohnungen und gemütliche Zimmer zur Verfügung. Eine idyllische Aussicht auf Felder und Wiesen, viel Ruhe und traumhafte Sonnenuntergänge gibt's inklusive

Sehenswertes in der Umgebung

- Müritzstrände
- Falknershow
- Burg Wredenhagen und die Kirche
- Ausflüge mit dem Segelflieger
- Bauernmarkt in Bollewick

Café Scheune

 **Töpferhof Steuer**

Adresse

Granzin 4
17237 Kratzeburg
Tel. 039822 20242
info@toepferhof-steuer.de
www.toepferhof-steuer.de

Öffnungszeiten

Mai bis Oktober:
täglich 9 bis 18 Uhr

Plätze

35 bis 40 Außenplätze

Anfahrt

Mit dem Auto:
von Berlin aus kommend B96
über Neustrelitz, Kratzeburg,
von Hamburg aus kommend
über Waren, Kratzeburg

Inmitten des Müritz-National-parks liegt das hübsche Örtchen Granzin in der Gemeinde Kratzeburg. Dort hat sich Doris Steuer einen Traum erfüllt und einen Töpferhof samt Hofcafé eröffnet. Genießen Sie die einzigartige Atmosphäre des Hofes mit den wunderschönen Keramiken von Stefan Schöttler sowie kulinarischen Leckerbissen. Die Gäste sitzen direkt im Grünen – ein friedliches Fleckchen, an dem man allen Alltagsstress hinter sich lassen kann. Bei einem Stück ofenfrischen Apfelkuchen, einer Tasse Kaffee oder einem Glas gekühlter Holunderblüten-limonade fühlt man sich als Besucher gleich rundum wohl. Auch den Kirsch- oder Quittenwein sollten Sie einmal probieren. Da sich der Hof auf einem Wassergrundstück befindet, lässt sich beim Kuchenessen der Blick auf den See genießen. Bewachsene Keramikkrüge in den Beeten, großformatige Gemälde an den Scheunenwänden – in der Keramik- und Kunstausstellung gibt es viele Schmuckstücke zu entdecken. Wer selbst kreativ werden möchte, kann in einem Kurs zwischen Juli und

Mit dem Kanu / Kajak über den Granziner See, dann einfach über das Grundstück hinauf ins Hofcafé laufen

Extras

- Seegrundstück Granziner See
- Havelwasserwanderstrecke, Kanus können direkt vom Hof aus ins Wasser gesetzt werden
- Jährlich wechselnde Kunstausstellungen in der „Sommergalerie an der Scheune"
- Töpferwaren aus eigener Werkstatt
- Töpferkurse

Übernachtung

Zwei gemütliche, rustikal eingerichtete Ferienwohnungen, auch für eine Nacht. Ideal für Radfahrer oder Gäste, die Natur und Stille zu schätzen wissen (telefonische Anmeldung). Und falls die Ferienunterkünfte belegt sind: www.blockhaus-zahren.de

Sehenswertes in der Umgebung

- Runddorf Granzin
- Alte Dorfkirche Granzin
- Das ehemalige Spritzenhaus in Granzin
- Dauerausstellung zur Granziner Dorfgeschichte
- Müritz-Nationalpark

August unter fachkundiger Anleitung sein Geschick im Töpfern (Aufbaukeramik) testen. Auch für Gäste, die gern länger bleiben möchten oder sich im Wassersport ausprobieren wollen, ist gesorgt. Es gibt sowohl Ferienwohnungen als auch eine Kanu- und Kajakvermietung. Eine wunderbare Gelegenheit, die Wälder, Wiesen, Seen und Moorgebiete der Region hautnah zu erleben. Kanus oder Kajaks können für einen oder mehrere Tage direkt vor Ort gemietet und vom eigenen Steg aus zu Wasser gelassen werden. Schwimmwesten, eine Wasserwanderkarte und eine Einführung gehören ebenso in das Rundum-sorglos-Paket wie auch wasserfeste Packtonnen oder -säcke. Wer nach der Tour an seinem Zielort abgeholt werden möchte, kann vorab einen Rückholservice vereinbaren. Übernachtungsgäste haben ganzjährig die Wahl zwischen der Ferienwohnung „Dicke Berta" mit 74 Quadratmetern auf zwei Etagen oder der „Kleinen Klara" mit 28 Quadratmetern. Im an den Hof angrenzenden See darf auch geangelt werden. Feriengästen steht außerdem ein eigener Bootssteg und eine große Wiese mit Gartenmöbeln und Grillplatz zur Verfügung. Am Morgen serviert Ihnen Doris Steuer ein reichhaltiges Frühstück, bei sonnigem Wetter auch gern im Hofgarten.

Töpferhof Steuer

Vorpommern und Boddenküste

Region 5

Stettiner Haff

③

④ **Anklam**

②

①

Neubrandenburg

Café de Klönstuw

1   98

Dorfstraße 14
17375 Rieth
Tel. 039775 26854

Sonntagscafé im Pfarrhof

3   102

Pinnow 41
Gemeindesaal in der alten Pfarrscheune
17390 Murchin-Pinnow
Tel. 0171 1498070

Burgcafé Klempenow

2   100

Klempenow 15
17089 Breest
Tel. 03965 2113 32

Hofcafé Krüger

4   104

Pasewalker Straße 41
17389 Anklam
Tel. 03971 831233

Eine beliebte Freizeitbeschäftigung: Segeln auf dem Bodden bei Greifswald.

Im Nordosten von Mecklenburg-Vorpommern befinden sich Vorpommern und die Bodden- und Haffküste. Die Städte Ribnitz-Damgarten, Barth, Stralsund, Greifswald, Wolgast, Anklam, Ueckermünde am Stettiner Haff und Pasewalk liegen in dieser Region. Reizvolle Gewässer, tiefe Wälder, weite Felder, bunte Wiesen und Naturparks, wunderschöne Strände und idyllische Küsten verleihen dem Landstrich seinen besonderen Charakter. Urlauber, die die Ruhe schätzen, sind hier goldrichtig. Vorpommern ist dünn besiedelt und liegt abseits jedes Massentourismus. Bei einer entspannten Paddeltour, bei einem Segeltörn auf dem Bodden oder bei Wanderausflügen durch Wald und Wiesen können Sie Kraft schöpfen und Erholung finden. Das Gebiet zwischen Greifswald, Stralsund und Ribnitz-Damgarten ist reich an Buchten, die bei Anglern und Wassersportlern sehr beliebt sind und eine reiche Flora und Fauna aufweisen. Touristen können zu Fuß gehen oder das Rad oder Kanu nehmen, um charmante Plätze wie die Vogelparkregion Recknitztal bei Marlow in der Nähe von Ribnitz-Damgarten zu erkunden. Dort gibt es geführte Wildkräuterwanderungen zu erleben und eine bunte Tier- und Pflanzenwelt im Vogelpark Marlow zu bewundern. Mit dem Kanu oder Floß kann man auch auf Recknitz und Trebel entlangfahren. Radfahrer und Wanderer finden sich ebenfalls prima zurecht, da das Wegenetz mit steinernen Markierungen

gekennzeichnet ist, die die Orientierung er-
leichtern. Die Bernsteinstadt Ribnitz-Damgarten gilt als das Tor zum Fischland-Darß-Zingst.
Dort sind das Deutsche Bernsteinmuseum und
die Bodden-Therme einen Besuch wert. In der
Stadt Barth gibt es liebevoll restaurierte Bür-
gerhäuser zu bewundern. Im Sommer zählen
die Vineta-Festtage auf einer schwimmenden
Bühne im Barther Hafen zu den Highlights. Sie
lieben spektakuläre Landschaftspanoramen?
In der Stadt Grimmen genießen Sie auf dem
Wasserturm des Schlossberges einen wunderschönen Blick über das Trebeltal.
Kulturinteressierte sollten die Hansestadt
Stralsund besuchen. Aufgrund des Reichtums
an historischen Bauwerken wurde die Altstadt
(ebenso wie die von Wismar) von der UNESCO
zum Weltkulturerbe erklärt. Reisende, die sich
für die Bewohner des Meeres interessieren,
können im Ozeaneum viel Spannendes über
Wale, Delfine und Co. lernen. Ein ganz beson-
deres Lebensgefühl gibt es in der Hansestadt
Greifswald zu erleben. Hier verschmilzt die
Tradition der Hansezeit mit einem modernen
Universitätsleben und viel Kunst, Kultur und
Kulinarik. Rund 11 000 Studenten prägen
das Stadtbild der 60 000-Einwohner-Stadt.
Die Ernst-Moritz-Arndt-Universität wurde
1456 gegründet und gehört zu den ältesten
Universitäten Europas. Die drei Backsteinkir-
chen St. Marien, von den Greifswaldern liebevoll „dicke Marie" genannt, der imposante
Dom St. Nikolai, „langer Nikolaus" inklusive
Aussichtsturm in fast 100 Metern Höhe, und
die St. Jacobikirche, „kleiner Jacob", prägen
das Stadtbild und formen die markante Stadt-
silhouette, die der Maler Caspar David Friedrich in seinem Werk „Wiesen bei Greifswald"
verewigte. Im beschaulichen und denkmalgeschützten Fischerdorf Wieck in direkter Nähe
der Hanse- und Universitätsstadt Greifswald
gibt es einen idyllischen Hafen mit einer Holz-
zugbrücke zu sehen, die sich bei Schiffsver-

Die Marienkirche in Ribnitz-Damgarten.

kehr öffnet. Möwenkonzerte, die frische Seeluft und die typischen reetgedeckten Häuser
am Wegesrand verleihen dem Ort einen ganz
besonderen Charme.
Im Sommer verwandeln sich die Häfen der
Region bei den traditionellen Fischerfesten in
Partymeilen. Im Hafen von Wieck findet das
mehrtägige Fischerfest Gaffelrigg statt. Aber
auch in Freest, Ueckermünde, Wolgast und
Anklam locken maritime Events die Besucher
an. Wenn Sie in Wieck sind, sollten Sie noch
ein kleines Stückchen weiterreisen. Gleich
um die Ecke befindet sich die Klosterruine
Eldena, die als Wahrzeichen der Romantik in
Vorpommern gilt und ein zentrales Motiv in
den Bildern Caspar David Friedrichs darstellt.

Der Stralsunder Yachthafen mit Blick auf die Stadt.

Im anliegenden Park finden im Sommer Jazzkonzerte, Theateraufführungen und Märkte statt. Wer die Romantik und die Werke Caspar David Friedrichs schätzt, kann in Greifswald den Caspar-David-Friedrich-Bildweg erkunden. Er führt durch die Altstadt nach Wieck und Eldena vorbei an 15 Lebensstationen des Malers, der 1774 in Greifswald geboren wurde. Im Pommerschen Landesmuseum gibt es beeindruckende Originalwerke des Künstlers zu sehen. Die gesamte Region rund um Greifswald und Rügen war ein Quell der Inspiration für die Romantiker. Auch Freunde und Wegbegleiter von Caspar David Friedrich wie Philipp Otto Runge oder Friedrich August von Klinkowström ließen sich von der Landschaft, der Stimmung, dem Meer und dem ganz besonderen Licht in Vorpommern inspirieren.

Wanderwege wie der baltisch-westfälische Jakobsweg, der Hanseatenweg und der Fernwanderweg E9 bieten Abwechslung beim Wandern rund um Greifswald. Auch der Landschaftspark in Behrenhoff und das Naturschutzgebiet Steffenshagener Heide zählen zu erstklassigen Wandergebieten. In den Karrendorfer Wiesen lassen sich geschützte Vogelarten beobachten. Im Moorgebiet am Sölkensee tummeln sich im Frühling blaue Moorfrösche. Wenn Sie mit Kindern reisen, sollten Sie Gristow nordwestlich von Greifswald einen Besuch abstatten. Im 70 Hektar großen Naturerlebnispark werden 300 verschiedene

Der Greifswalder Marktplatz mit dem Rathaus in Rot und der Turmspitze des Doms im Hintergrund.

Tierarten, Spielplätze, Taststrecken und Veranstaltungen präsentiert.

Sehr charmant sind in der Region auch die kleinen verträumten Fischerdörfer der Bodden- und Haffküste wie Freest, Stahlbrode, Mönkebude oder Kröslin. In den urigen Fischereihäfen liegen wunderschöne Segelschiffe vor Anker. Fangfrischer Fisch kann dort direkt am Hafen oder in einem der gemütlichen Restaurants geschlemmt werden. Fischliebhaber sollten in Freest in der ältesten Fischräucherei Vorpommerns vorbeischauen. Fans von Handarbeiten sei die Ausstellung in der örtlichen Heimatstube empfohlen. Dort gibt es handgeknüpfte Fischerteppiche zu sehen. Von Freest aus starten Ausflugsfahrten auf dem Greifswalder

Bodden. Von Stahlbrode aus lässt sich mit der Fähre ein Tagesausflug nach Rügen unternehmen und in Mönkebude können Besucher mit einem traditionellen Zeesenboot (einem breitrumpfigen Haffboot) in See stechen. Wer ein Faible für originelle Übernachtungsplätze hat, bucht in Kröslin eine Unterkunft in den Floating Houses, die auf dem Wasser schwimmen. Von Kröslin und auch von Freest aus können Sie Fährfahrten nach Peenemünde auf Usedom buchen. Das Fahrrad darf mit an Bord. Das ganze Gebiet rund um den Greifswalder Bodden bietet breite Sand- und Naturstrände und flaches Wasser - perfekt für entspannten Familienurlaub. Die Kleinen können im feinkörnigen Sand Kleckerburgen bauen, die Großen einen

Die alte Holzbrücke in Wieck bei Greifswald.

Die altehrwürdige Klosterruine Eldena wurde zum Wahrzeichen der Romantik und taucht auch in den Gemälden des Malers Caspar David Friedrich auf.

Kurs im Wind- oder Kitesurfen absolvieren. Mit etwas Glück findet man hier auch Bernstein, das Gold des Nordens. Radler genießen auf dem Ostseeküsten-Radweg die wunderschöne Landschaft.

In der Nähe von Lubmin liegt das Schloss Ludwigsburg in der Gemeinde Loissin. Neben dem Schloss Ueckermünde und dem Schloss Stettin gehört es zu den letzten vorhandenen Renaissancebauten der pommerschen Herzöge. Auf dem Weg nach Loissin durchqueren Wanderer und Radler das Naturschutzgebiet Drachenreich Lanken mit faszinierenden Wäldern, in denen es wunderschöne Eichen, Buchen, Kiefern und Erlen zu sehen gibt. Bei Anklam fließt der „Amazonas des Nordens".

Die Peene ist einer der letzten unverbauten Flüsse Deutschlands. Sie durchzieht das 20 000 Hektar große Niedermoorgebiet Peenetal. Fischotter, Biber und geschützte Vogelarten wie Seeadler und Seeschwalben sind hier zu Hause. Auf einer ausgedehnten Paddeltour lässt sich dieses wunderschöne Naturparadies sehr gut erkunden. Besonders für Paddelanfänger ist die Peene bestens geeignet, da es kaum Strömung und nur geringe Gefälle gibt. Anklam gehört zur Europäischen Route der Backsteingotik. Die St.-Marien-Kirche und die Nikolaikirche zählen zu den Perlen der Route. Fototipp: Vom Aussichtsturm der Nikolaikirche aus überblickt man die malerische Gegend des Peenetals.

Beste Kanu-Verhältnisse: Die Landschaft an der Peene bei Loitz.

Ein echtes Schmuckstück in der Nähe von Anklam kurz vor Usedom ist die Stadt Lassan mit dem Lassaner Winkel. Eine weitere wunderschöne Ecke ist Ueckermünde am Naturpark Stettiner Haff. Heidelandschaften, die Brohmer Berge, die Uecker- und Randow-Niederungen sowie die unverbaute Haffküste sind einen Ausflug wert. In der Ueckermünder Heide gibt es ausgedehnte Wald- und Heidegebiete, flache Sandstrände, Moore und Wälder zu entdecken. Die Rad- und Wanderwege sind sehr gut ausgeschildert und laden zu Naturerkundungen ein. Der Stettiner-Haff-Rundweg entführt Sie in eine malerische Landschaftsidylle. Im Seebad Ueckermünde zählen die sehr schöne Altstadt und das große Haffbad zu den Attraktionen. Vom Hafen aus kann man auf Fahrgastschiffen Touren auf die Insel Usedom oder nach Polen unternehmen.

Ein Muss für Fischliebhaber ist das Fischbrötchen auf die Hand.

Vorpommern und Boddenküste

 ## Café de Klönstuw

Adresse

Dorfstraße 14
17375 Rieth
Tel. 039775 26854
kontakt@cafe-de-kloenstuw.de
www.cafe-de-kloenstuw.de

Öffnungszeiten

April bis Oktober:
Di bis So 14 bis 18 Uhr
November bis März:
Sa und So sowie feiertags
14 bis 18 Uhr
Weihnachten und Silvester
gesonderte Öffnungszeiten

Plätze

25 Innenplätze
30 Außenplätze

Mitten in Rieth befindet sich das Café de Klönstuw in dem Gebäude einer ehemaligen Molkerei von 1898. Einst wurden hinter den Backsteinwänden feine deutsche Markenbutter und Quark, aber auch Limburger Stangenkäse, Romadur, Schicht- und Harzer Käse sowie Camembert produziert. Nach einer wechselhaften Geschichte wurde 2009 das Hofcafé eröffnet. Im Sommer kann man draußen unter den Birken schlemmen, ein Buch lesen und dem Plätschern des Brunnens lauschen oder, wie der Name des Cafés schon sagt: klönen. An kühlen Tagen macht man es sich in den kuscheligen Innenräumen gemütlich. Jeden Tag serviert die Inhaberin Katja Gaugel frisch gebackene Torten, Kuchen und leckere Kaffeespezialitäten. Sie backt nach altbewährten Rezepten, entwickelt aber auch neue Kreationen. Die Holunderblüten-Sekt-Torte ist eine beliebte Spezialität des Hauses, die Sie unbedingt probieren sollten, wenn Sie in Rieth vorbeikommen. Ansonsten gibt es Kuchen wie zu Omas Zeiten, z.B. Bienenstich, Mohn- oder Streuselkuchen.

Anfahrt

Von Berlin A11 Richtung
Stettin, dann A20 Richtung
Stralsund, Abfahrt Pasewalk-
Süd, Richtung Torgelow,
Eggesin, Sandbad Ahlbeck,
Rieth
Von Hamburg A1 Richtung
Lübeck, dann A20 Richtung
Rostock, Abfahrt Jarmen,
Richtung Anklam, ab Anklam
B109 nach Ueckermünde,
Bellin, Luckow, Ahlbeck, Rieth

Extras

- Hochzeitstorten
- Kuchen und
  Torten außer Haus
- Catering
- Themenfrühstück jeden
  zweiten Sonntag
  oder auf Anmeldung
- Geschenkartikel aus
  Patchwork und
  Papierarbeiten
- Wechselnde Ausstellun-
  gen regionaler Künstler
  (Gemälde)
- Feierlichkeiten können im
  Café abgehalten werden

Sehenswertes in der Umgebung

- Viele Angebote in Rieth:
  www.riether-winkel.de
- Botanischer Garten in
  Christiansberg
- Straußenfarm in Ahlbeck
- Tierpark Ueckermünde
- Bauernmanufaktur
  Ferdinandshof
- Seifenhaus Ferdinandshof

Auch nostalgische Klassiker wie Kalter Hund kommen hin und wieder auf den Tisch. Das weckt bei vielen Gästen Kindheitserinnerungen. Für die Kuchen und Torten verwendet Katja Gaugel regionale Produkte und Obst aus dem eigenen Garten. Zweimal im Monat wird sonntags von 9 bis 12 Uhr im Café auch ein besonderes Frühstück serviert. Dabei widmet sich jeder Monat geschmacklich einem eigenen Thema. Wer auf der Suche nach einem kleinen Geschenk, einem Mitbringsel für die Lieben daheim oder einer schönen Erinnerung ist und regionales Kunsthandwerk schätzt, wird im Café de Klönstuw fündig. Wunderschöne Schachteln, Mappen, Notizbücher, Zettel- oder Taschentuchboxen, Patchworkarbeiten, Kuschelmonster und Keramik gibt es im Café zu kaufen. Auch Kunstwerke kann man sich hier anschauen. Immer mal wieder präsentiert Katja Gaugel in einer kleinen Ausstellung Bilder von Künstlern rund um Rieth. Zur Veranstaltung „Kunst Offen", die jedes Jahr am Pfingstwochenende stattfindet, gibt es im Café noch mehr Kunstwerke aus der Region zu sehen. Wer ein Fest feiern möchte, kann sich ebenfalls an die Inhaberin wenden. Auch größere Feierlichkeiten wie Hochzeiten, runde Geburtstage oder Jubiläen lassen sich im Café de Klönstuw ausrichten.

Café de Klönstuw

Adresse

Klempenow 15
17089 Breest
Tel. 03965 2113 32
burgcafe@burg-klempenow.de
www.burg-klempenow.de

Öffnungszeiten

April bis Oktober: Sa und So,
ab 1. Mai: Mi bis So
und in den Sommerferien
täglich 11 bis 18 Uhr

Plätze

28 Innenplätze
40 Außenplätze (erweiterbar
auf 200 Plätze)

Anfahrt

Zwischen der L35 und A20
gelegen, zwischen Neubrandenburg und Greifswald

 **Burgcafé Klempenow**

Direkt an der Tollense in der Nähe von Breest liegt die Burg Klempenow. Experten schätzen, dass das histori-sche Bauwerk im Jahre 1254 errichtet wurde. Der Verein Kultur-Transit-96 e.V. betreibt die Burg Klempenow mit viel ehrenamtlichem Einsatz. Seit Beginn der Sanierung 1991 sind viele Teile der Burg ge-rettet und nutzbar gemacht worden. Heute wird sie für kulturelle Veranstaltungen ge-nutzt. Der Nordflügel mit dem Turm bildet das Hauptgebäu-de der Burg. Darin befinden sich der Burgsaal, die Galerie und das Café. Eine Burgbe-sichtigung und eine Führung lohnen sich. Hier erfahren Sie viel Interessantes rund um die Geschichte des Anwesens. Eine Stärkung gibt es dann im Burgcafé, das in zwei Zimmern im Herzen der Burg liegt. Der Gästeraum wurde in Zeiten der Renaissance an den Turm und die Wehrmauer angebaut. Ein gekalktes Kreuzgratgewöl-be schmückt die Decke. Das andere Zimmer, in dem sich heute der Tresen befindet, wurde in der Vergangenheit als Pferdestall für Gäste genutzt. Das mit Backstein ausgemau-

Extras

- Geschichtsträchtige Burg aus dem 13. Jahrhundert, direkt an der Tollense
- Ausrichtung persönlicher und betrieblicher Festlichkeiten im Café oder in anderen Räumlichkeiten der Burg
- Juliane Grefe (freischaffende Pädagogin) und Michael Mai (Erlebnispädagoge) gestalten individuelle Programme für Schulklassen, Kindergärten und andere Gruppen
- Kulturprogramm mit Kunsthandwerkermärkten, Ausstellungen, Kräutertagen usw.
- Kleiner Laden im historischen Torhaus der Burganlage
- Wasserspielplatz für Kinder

Übernachtung

Das Übernachten ist im eigenen Zelt im Burggarten möglich. Auf Wunsch vermittelt das Burgpersonal aber auch Pensionen, Zimmer und Ferienwohnungen in der Umgebung.

Sehenswertes in der Umgebung

- Geopark Mecklenburgische Eiszeitlandschaft
- Naturerlebnispark und Waldgut Mühlenhagen
- Burgruine Landskron
- Schloss Schmarsow
- Burg Stargard
- Stadt Anklam und das Lilienthalmuseum

erte Fachwerk sorgt für gemütlichen, rustikalen Charme. Innenausstattung und Möbel hat die Holzbildhauerin Christina Rode gestaltet. An warmen Tagen kann man es sich mit einem Stück Kuchen und einer Tasse Kaffee auch auf der Burgterrasse im Sonnenschein bequem machen. Neben süßen Kuchenspezialitäten gibt es auch kleine herzhafte Speisen. Die Burg Klempenow bietet ein buntes Programm für Jung und Alt. Da gibt es z. B. die Kräutertage im Burggarten, Jahr- und Adventsmärkte, Kunstausstellungen, Clubkino, Konzerte, Lesungen, Festivals, Livemusik, Kunsthandwerkermärkte und vieles mehr.

Auch Souvenirs können die Besucher hier erstehen. Im historischen Torhaus der Burganlage gibt es einen Laden, in dem man Keramik, Konfitüren und Pesto aus eigener Herstellung, handgefertigte Seifen, Spielzeug, Gestricktes und Gefilztes oder Kunstgegenstände kaufen kann. Praktisch für Wasserwanderer: Auch eine Kanustation befindet sich direkt vor Ort. Erkunden Sie das einzigartige Flussnetz mit seiner reichen Flora und Fauna. Die Peene vom Malchiner See bis zum Stettiner Haff, Trebel, Tollensesee und Tollense warten darauf, von Ihnen entdeckt zu werden. Auch kleine Gäste fühlen sich in der Burg wohl. Regelmäßig finden hier Bauspieltage, Kinderführungen und andere Veranstaltungen für die Kleinen statt. Ebenfalls sehr beliebt: ein Wasserspielplatz aus großen Eichenstämmen und Findlingen mit Wasserpumpe.

Burgcafé Klempenow

Adresse

Pinnow 41
Gemeindesaal in der alten
Pfarrscheune
17390 Murchin-Pinnow
Mobil 0171 1498070
www.pinnow-vor-usedom.de

Öffnungszeiten

Juli bis August:
So 14 bis 17 Uhr

Plätze

20 Innenplätze
20 Außenplätze

Anfahrt

Zu Fuß:
Pinnow liegt auf der Via
Baltica, dem baltisch-west-
fälischen Jakobsweg (Etappe:
Usedom-Stadt, Pinnow).

Mit dem Fahrrad:
Pinnow liegt direkt am
Stettiner-Haff-Rundweg,
einem gut ausgeschilderten
Fahrradweg zwischen Anklam
und Usedom. In Pinnow den
Schildern „Sonntagscafé"
beziehungsweise „Dorfkir-
che" folgen (nicht Richtung
Klotzow fahren)

Mit Bahn und Bus:
Bahnhof Anklam, dann
Buslinie 201 Richtung
Heringsdorf, Haltestelle
Pinnow, 700 m zu Fuß zur
Dorfkirche (Beschilderung)

Mit dem Auto:
17390 Murchin OT Pinnow

 **Sonntagscafé
im Pfarrhof**

Kuchen essen und dabei noch etwas für den Erhalt einer hübschen Dorfkirche tun? Wir finden, das hört sich klasse an! Finden Sie auch? Dann auf ins kleine Kirchdorf Pinnow in der Gemeinde Murchin im Kreis Vorpommern-Greifswald. Das Örtchen liegt im Naturpark Usedom-Oderhaff, nur fünf Kilometer von der Insel Usedom entfernt – ein wunderschöner Landstrich zwischen Ostsee und Peene. Auf einem Moränenhügel oberhalb von Dorfteich und Großem See liegt das verträumte Pinnower Dorfkirchlein, das um 1400 erbaut wurde. Das Sonntagscafé befindet sich im Gemeinderaum in der Pfarrscheune. Hier gibt es leckere Kuchen und Getränke. Die Erlöse kommen der Kirche zugute.

Die Kirche mit Pfarrgehöft und der Pfarrgarten stehen heute unter Denkmalschutz. Die unzureichende Instandhaltung der letzten Jahrhunderte hatte die Kirche in jüngster Zeit in große Gefahr gebracht – Risse, Wind- und Regenverwitterung der Backsteine, abgeblätterter Putz und ein marodes Kirchendach machten dem Bauwerk schwer zu schaffen.

ins Navi eingeben, in Pinnow gegenüber dem Gasthof zur Linde abbiegen, Hinweisschildern „Dorfkirche" beziehungsweise „Sonntagscafé" folgen

Extras

- Badestelle am Großen See
- Besichtigung der Dorfkirche

Übernachtung

Einfache Unterkunft für Pilger mit Matratzenlager (Pilgerausweis mitbringen), Voranmeldung empfohlen (Tel. 03971 258969)

Sehenswertes in der Umgebung

- Dorfkirche Bauer-Wehrland bei Lassan mit wunderschöner Deckenmalerei
- Till-Richter-Museum für internationale zeitgenössische Kunst im Schloss Buggenhagen bei Lassan
- Denkmalgeschütztes Herrenhaus Libnow mit Rahmenmanufaktur Lorenz und Kunstgalerie
- Lassan mit Hafen und Wasserwanderrastplatz am Peenestrom
- Usedom

Deshalb wurde 2006 der Förderverein zur Erhaltung der Dorfkirche Pinnow e.V. gegründet, um den weiteren Verfall im Innen- und Außenbereich zu verhindern. Der Verein rief 2008 das Sonntagscafé ins Leben, das seitdem jeden Sonntag im Juli und August seine Gäste mit selbst gebackenen Kuchen, Kaffee und Tee verwöhnt. Auch wechselnde Ausstellungen von Künstlern sind dort zu sehen. Bei schönem Wetter können Sie es sich auch draußen im Sonnenschein gemütlich machen. Der Kuchen wird von den Mitgliedern des Fördervereins frisch gebacken. Pilger und Gäste sind herzlich eingeladen, sich die restaurierte Dorfkirche anzuschauen.

Den Kirchenschlüssel erhalten Sie im Sonntagscafé oder im alten Pfarrhaus direkt gegenüber. Nach dem Schlemmen und der Besichtigung sollten Sie unbedingt noch in den glasklaren Großen See springen. Nur 350 Meter vom Café entfernt befindet sich eine ideale Badestelle. Wer mal einen Schnuppertag als Pilger erleben möchte, ist in Pinnow genau richtig. Die Route des wiederbelebten baltisch-westfälischen Jakobswegs führt von der polnischen Grenze von der Insel Usedom kommend an der Dorfkirche entlang. Gelbe Pfeile sowie das Emblem der Jakobsmuschel leiten den Wanderer auf markierten Wegen durch die wunderschöne Landschaft.

Sonntagscafé im Pfarrhof

 *Hofcafé Krüger*

Adresse

Pasewalker Straße 41
17389 Anklam
Tel. 03971 831233
info@moebelkrueger-
anklam.de
www.moebelkrueger-
anklam.de

Öffnungszeiten

Mo bis Fr 11 bis 18 Uhr
Sa und So nach Reservierung

Plätze

25 Innenplätze
17 Außenplätze

Anfahrt

Von Usedom B110 in Dargen

Man betritt das Geschäft Möbel Krüger in der Pasewalker Straße 41, schlendert durch die Ausstellung vorbei an Kleiderschränken, Betten und Kommoden – und steht dann plötzlich mitten im Café. Wunderbare Überraschungen wie diese gibt es mitten in Anklam bei Anneros Krüger zu erleben. Da könnte das Motto des Cafés, das groß auf dem Schaufenster des Möbelladens steht, nicht treffender sein: „Aber hier, wie überhaupt, kommt es anders, als man glaubt." Wer das Hofcafé besuchen möchte, muss also erst einmal durch das Möbelgeschäft von Frau Krüger laufen, um an sein Ziel zu gelangen. Am Ende des Ladens befindet sich das Café mit dem Innenhof – ein echter Geheimtipp! Das Hofcafé Krüger ist ein ganz besonderer Platz, an dem man in Ruhe entschleunigen und köstlichen selbst gemachten Kuchen und saisonale Torten genießen kann. Dazu gibt es Apfelsaft, eine große Teeauswahl und köstlichen Biokaffee. Mit viel Liebe zum Detail hat die Inhaberin ein echtes Kleinod geschaffen. Die Einrichtung ist

bis Anklam folgen über
Marienkirchplatz, Steinstraße
und Neuer Markt bis
Pasewalker Straße
Von Berlin A11 und A20 bis
B109 in Rollwitz, auf A20
Ausfahrt 36 Pasewalk-Süd,
B109 bis Pasewalker Straße
in Anklam folgen

Extras

- Hofladen „Landlust"
- Biokaffee, Tee,
  Marmeladen, Säfte, Weine
- Textilkollektion unter dem
  Label „Anneros"
- Deko für innen und außen
- Workshops „Näh'
  dich glücklich!"
  und „Aufgemöbelt"
- Familienfeiern
  und Geburtstage
- Weihnachtsfeiern
- Frauentag

Sehenswertes in der Umgebung

- Otto-Lilienthal-Museum
- Nikolaikirche
- Steintor
- Kanustation an der Peene
- Insel Usedom

fantasievoll und originell. Sitzbänke mit Polstern aus alten Kaffeesäcken, zu Tischen umgebaute Vitrinenschränke und alte Zeitschriften als Wanddeko machen diesen Platz so heimelig und gemütlich. Auch draußen auf dem Hof im Sonnenschein auf der Gartenbank zwischen Dekotellern, Tonkrügen und Tafeln mit inspirierenden Kreidesprüchen fühlt man sich sogleich wohl. Seit 2014 betreibt Anneros Krüger nun ihr kleines Café. „Oft fragten mich meine Kunden, die in Anklam auf der Durchreise waren, wo sie hier in Ruhe und ohne Trubel einen Kaffee trinken könnten. Jetzt habe ich endlich eine schöne Antwort", sagt die Inhaberin, die seit 23 Jahren als Geschäftsführerin von Möbel Krüger tätig ist. Auch eine hübsche Textilkollektion hat sie herausgebracht, die aus Röcken, Schals, Stulpen, Schalmützen und Taschen besteht. Anneros Krüger liebt es, ihre Leidenschaft mit anderen Menschen zu teilen. Deshalb bietet sie auch Workshops an. Alle, die gern basteln, dekorieren und nähen, sind bei Kursen namens „Näh' dich glücklich!" oder „Aufgemöbelt" herzlich willkommen. Radfahrer, Wanderer und Touristen kehren gern im Café ein, um einen Zwischenstopp einzulegen.

Hofcafé Krüger

Rügen, Usedom und Fischland-Darß-Zingst

Kap Arkona

Hiddensee

Nationalpark
Vorpommersche
Boddenlandschaft

Nationalpark
Jasmund

Darßer Ort

Kubitzer
Bodden

Rügen

Ostsee

Stralsund

Greifswalder
Bodden

Oder-
bucht

Greifswald

Usedom

Stettiner Haff

Rosencafé Putbus

1 114

Bahnhofstraße 1
18581 Putbus/Insel Rügen
Tel. 038301 887290

Wasserschloss Mellenthin

4 120

Dorfstraße 25
17429 Mellenthin
Tel. 038379 28780

Moccavino

2 116

Alt Reddevitz 18a
18586 Alt Reddevitz
Tel. 038308 66336

Teeschale

5 122

Waldstraße 50
18375 Ostseebad Prerow
Tel. 038233 60845

Hofcafé zur Pferdetränke

3 118

Dorfstraße 31
17440 Krummin
Tel. 03836 231023

Café Namenlos

6 124

Dorfstraße 44
18347 Ahrenshoop
Tel. 038220 606200

Willkommen auf dem Darß.
Der Leuchtturm am Darßer Ort ist ein beliebtes Fotomotiv.

Die Inseln Rügen und Usedom sowie die Halbinsel Fischland-Darß-Zingst gehören zu den besonders beliebten Reisezielen in Mecklenburg-Vorpommern. Fischland-Darß-Zingst ist nur etwa 45 Kilometer lang, zwischen 500 Metern und zwei Kilometern breit und liegt ganz im Norden von Mecklenburg-Vorpommern. Die Halbinsel wird von der Ostsee und dem Bodden umspült. Das schmalste Stück Land liegt am Ostseebad Wustrow. Wellen und Wind formen das Land, das einem ständigen natürlichen Wandel unterliegt. Insbesondere am Weststrand auf dem Darß kann man die volle Gewalt der Naturkräfte fühlen, denn an keinem anderen Ort der Ostsee vollziehen sich Landabtragung und Landbildung so intensiv und dynamisch wie dort. Am Darßer Ort steht ein prächtiger Leuchtturm, der ein sehr beliebtes Fotomotiv bei Urlaubern ist. Außerdem gibt es dort die malerische Bucht in Prerow, die Seebrücke und den Strand zu entdecken, der zu den schönsten in Europa zählt. Flache Strände zum Baden, das zerklüftete Steilufer und die schilfbewachsenen Ufer der Boddenküste sind charakteristisch für die Gegend.

Die Halbinsel Fischland-Darß-Zingst besteht zu einem großen Teil aus dem Nationalpark Vorpommersche Boddenlandschaft. Über den Alten Mecklenburger Weg gelangt man mitten ins Herz des Nationalparks, in dem Rothirsche und Schreiadler in urigen Wäldern zu Hause sind. Die Wege sind sehr gut ausgeschildert.

Lassen Sie sich von der frischen Seeluft, dem feinen Sandstrand und dem Blick auf das Meer im Ostseebad Zingst verzaubern.

Mit dem Rad oder auf einer ausgiebigen Wandertour lässt sich die Halbinsel bestens erkunden. Von zahlreichen Häfen wie Dierhagen, Wustrow, Ahrenshoop und Zingst aus können Besucher Schifffahrten machen. Im Herbst lohnt sich eine Fahrt mit dem Bodden-Ausflugsdampfer, denn dann kann man bis zu 60 000 Kraniche bei der Rast in den seichten Boddengewässern beobachten. Eine andere Besonderheit auf dem Fischland-Darß-Zingst ist das unvergleichliche Licht, das seit jeher die Künstler inspirierte. In Ahrenshoop entstand unter dem Landschaftsmaler Paul Müller-Kaempff Ende des 19. Jahrhunderts eine Künstlerkolonie. 2013 kam das Kunstmuseum Ahrenshoop dazu, in dem es einheimische Bilder, aber auch Werke von internationalem Rang zu sehen gibt. Im Ostseeheilbad Zingst liegt der künstlerische Schwerpunkt auf der Fotografie. Jedes Jahr werden an der Zingster Schule Workshops angeboten, bei denen sich Fotointeressierte ausprobieren können. Auf dem Umweltfotofestival „horizonte zingst", das jedes Jahr im Mai stattfindet, und bei der Konzertreihe „Naturklänge" von Juli bis September gibt es ein buntes Kulturprogramm für Groß und Klein zu erleben.

Weiter die Küste entlang in Richtung Osten liegt Rügen, die größte Insel Deutschlands. Bei Urlaubern und Touristen liegt Rügen wegen seiner feinsandigen Strände, den modernen Seebädern samt Bäderarchitektur und den

Die berühmten Kreidefelsen auf Rügen.

idyllischen Fischerdörfern hoch im Kurs. Wilde Sanddornhecken, altehrwürdige Hünengräber, hundertjährige Leuchttürme sowie märchenhafte Buchenwälder und Seen prägen das Landschaftsbild der Insel. Auch auf Rügen ist das Wander- und Radnetz sehr gut ausgebaut. Wassersportler kommen beim Segeln, Surfen und Tauchen auf ihre Kosten. Auf Rügen gibt es sehr viel unberührte, natürliche Landschaft zu entdecken. Zum Schutz der Insel wurden diverse Gebiete unter Naturschutz gestellt. Es gibt zwei Nationalparks und ein Biosphärenreservat, was auf so engem Raum einmalig in Deutschland ist. Die Nationalparks und Schutzgebiete Vorpommersche Boddenlandschaft und Jasmund sind besonders ursprünglich.

Auf der Halbinsel Jasmund befinden sich der Buchenwald der Stubnitz und die berühmten Kreidefelsen, die sich auch in den Gemälden Capar David Friedrichs wiederfinden. Ein atemberaubend schönes Gebiet, das man sich unbedingt anschauen sollte. Flanieren Sie auch am Königsstuhl vorbei. Das ist der bekannteste Kreidefelsenvorsprung. Weitere beliebte Sehenswürdigkeiten sind Kap Arkona in Putgarten, das Seebad Prora, das Jagdschloss Granitz und die klassizistischen Bauwerke von Putbus. Zu den beliebtesten Bade- und Kurorten zählen Binz, Sellin, Göhren und Sassnitz.

Nicht nur an der Küste, auch in den ländlichen Regionen der Insel Rügen gibt es viel Schönes zu entdecken. Traditionelle Häuser

Eine Fahrt mit dem Rasenden Roland auf Rügen ist sehr zu empfehlen.

mit Reetdächern sowie Putz-, Feldstein- und Backsteinfassaden versetzen die Besucher beim Landspaziergang in eine andere Zeit. Die typischen Dächer aus Stroh und Schilf werden in Pommern auch Rohrdächer genannt. Reetdachdeckerei gehört zu den ältesten Handwerksberufen der Region und wird bis heute praktiziert. Aus gutem Grund: Das Schilfrohr hat eine hervorragende Isolationswirkung gegen Hitze und Kälte und ist mit einer Haltbarkeit von 30 bis 50 Jahren recht langlebig. Ein frisch verlegtes Rohrdach ist übrigens goldgelb wie das Schilf am Wasser. Erst nach einigen Monaten färbt es sich graubraun. Auch Kultur gibt es jede Menge auf Rügen zu erleben. Seit einigen Jahren sind die Störtebe-

ker-Festspiele in Ralswiek ein sehr beliebtes Ziel der Gäste. Sie werden auf der größten Freilichtbühne Europas aufgeführt.

Usedom, die zweitgrößte Insel Deutschlands, liegt im äußersten Nordosten von Mecklenburg-Vorpommern. Das schmale Stück Land wird von der Ostsee und dem Achterwasser umspült. Die Insel hat wunderschöne Seebäder zu bieten, die sich wie Perlen auf einer Kette an der Küste entlang aneinanderreihen. Insgesamt 42 Kilometer feinster, weißer Sandstrand locken in den Sommermonaten zahlreiche Besucher auf die Sonneninsel. Die historischen Bäder in Ahlbeck, Heringsdorf und Bansin mit ihren Seebrücken und der unvergleichlichen Bäderarchitektur wurden

Der wunderschöne Sandstrand mit den typischen Dünen auf Usedom ist der perfekte Ort zum Entschleunigen.

in der Vergangenheit hin und wieder von Wilhelm II. aufgesucht, weshalb sie heute noch den Namen „Kaiserbäder" tragen. Von jeher zog die Insel Dichter, Künstler und Musiker an. Prominente Gäste wie Heinrich und Thomas Mann, Kurt Tucholsky, Maxim Gorki oder Lyonel Feininger haben Usedom sehr zu schätzen gewusst. Sie alle wurden von der Vielfalt, der Ruhe, der Landschaft und dem besonderen Licht auf der Insel inspiriert. Der Schriftsteller Thomas Mann soll einmal gesagt haben: „Denn nie arbeitete ich reibungsloser und ergiebiger als nach der Morgenandacht am Meer." Der Naturpark Insel Usedom erstreckt sich auf 59 000 Hektar über das Eiland und beheimatet ausgedehnte Buchen-, Eichen-

und Küsten-Kiefernwälder, Wiesen, Felder, Moor- und Heidelandschaften und Wasser. Haben Sie es gewusst? Usedom gehört zu den vogelreichsten Gebieten Norddeutschlands. Über 280 Arten wurden hier beobachtet. Auch Tiere wie den Fischotter oder die Europäische Sumpfschildkröte kann man mit etwas Glück auf Usedom antreffen. Bernsteinsammler haben übrigens nach stürmischen Nächten die besten Chancen, an den Stränden das Gold des Nordens zu finden.
Ausflugsfahrten von Usedom mit dem Schiff werden sowohl auf der Ostsee als auch auf dem Achterwasser angeboten. Das Wanderwegenetz der Insel ist gut ausgeschildert und hat eine Gesamtlänge von über 400 Kilome-

Tolle Fotomotive an jeder Ecke: ein Fischerboot am Strand von Kölpinsee auf Usedom.

tern. Das Radwandernetz ist mehr als 180 Kilometer lang. Radler genießen eine herrliche Aussicht auf den parallel zum Strand verlaufenden Radweg, der sich auch durch das grüne, seenreiche Hinterland zieht. Die längste Strandpromenade Europas verläuft zwischen den drei Kaiserbädern Bansin, Heringsdorf und Ahlbeck grenzüberschreitend bis ins polnische Swinemünde. Prunkvolle Villen, die an das Flair des Goldenen Zeitalters erinnern, säumen den Weg. Wem das Strandleben zu trubelig wird, zieht sich ins Usedomer Hinterland (Achterland) zurück. Hier gibt es verträumte Dörfer, Windmühlen, Herrenhäuser (Schloss Mellenthin, Schloss Stolpe), blühende Salzwiesen und Binnenseen zu sehen. Beliebte touristische Zentren sind Karlshagen, Trassenheide und Zinnowitz im Nordwesten der Insel, die Bernsteinbäder Koserow, Loddin, Ückeritz und Zempin im mittleren Teil der Insel und im Osten die Kaiserbäder Bansin, Heringsdorf und Ahlbeck sowie Swinemünde in Polen. In Rankwitz, aber auch in Krummin, in Neuendorf auf dem Gnitz und in Neppermin gibt es urige Gartencafés zu entdecken. Wer gern mal ein kühles Bierchen genießt, ist in den Privatbrauereien mit Gastronomie in Heringsdorf und Mellenthin gut aufgehoben. Kulturfans seien das farbenfrohe Spektakel der Vineta-Festspiele auf der Zinnowitzer Bühne, das Usedomer Musikfestival, das Kleinkunstfestival und die Usedomer Literaturtage ans Herz gelegt.

Adresse

Bahnhofstraße 1
18581 Putbus/Insel Rügen
Tel. 038301 887290
info@rosencafe-putbus.de
www.rosencafe-putbus.de

Öffnungszeiten

Mai bis September:
10 bis 20 Uhr
Oktober bis April:
12 bis 18 Uhr
Für Veranstaltungen und
Gruppen Öffnungszeiten
nach Absprache

Plätze

101 Innenplätze
(Kaminzimmer, Gelber
Saal und Weinlounge)
70 Außenplätze (Terrasse)

Anfahrt

A20 Abfahrt Stralsund (24)
Richtung Rügen, über die
neue Rügenbrücke der B96
bis Bergen folgen, Abfahrt
Putbus nehmen, Parkmöglich-
keiten direkt am Café
Oder über den alten
Rügendamm Richtung
Garz/Putbus und die roman-
tische Alleestraße (L29)
Im Sommer kann man die Fäh-
re Glewitz-Stahlbrode nutzen

Extras

- Mai bis September
  Frühstück ab 10 Uhr
- Feierlichkeiten in
  verschiedenen Räumen
  bis 50 Personen

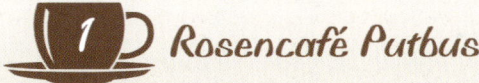 *Rosencafé Putbus*

„Ein Leben ohne Kuchen ist möglich, aber sinnlos", lautet das Motto des Rosencafés in der Fürstenstadt Putbus im südlichen Teil der Insel Rügen. Wer an der Kuchentheke des Cafés steht und auf die sahnigen Leckerbissen blickt, kann dem Zitat nur beipflichten. Das Café ist sehr schön gelegen. Machen Sie unbedingt einen Spaziergang durch den fürstlichen Schlosspark, vorbei an blühenden, duftenden Rosen. Anschließend erwartet Sie im Café eine besonders große Auswahl an Torten und Kuchen, die auf traditionelle Art und Weise hergestellt werden. Es gibt internationale und nationale Spezialitäten und Klassiker wie Schwarzwälder Kirschtorte oder Frankfurter Kranz, die Sie auf der sonnigen Terrasse genießen können. Wer sich nicht so recht zwischen den vielen Sorten entscheiden kann, bekommt Beratung vom Personal. Für Allergiker gibt es laktosefreie Süßspeisen und glutenfreie Gebäcke im Sortiment. In der gläsernen Konditorei beginnt der Tag schon sehr früh, um täglich frische, hausgemachte Kuchen und Torten anbieten

zu können. Für den Liebhaber pikanter Genüsse sind aber auch herzhafte Köstlichkeiten im Angebot. Das Rosencafé Putbus blickt auf eine lange Geschichte zurück. Es wurde 1828/29 ursprünglich als Gartenhaus des Fürsten Malte von und zu Putbus nach Plänen von Johann Gottfried Steinmeyer erbaut. Recht schnell sollte das ursprünglich für den Gärtner des Fürsten bestimmte Gebäude prominente Gäste aufnehmen: Zu den bekanntesten Besuchern im Gartenhaus gehörte Otto Graf von Bismarck, der hier seinen Entwurf für die Verfassung des Norddeutschen Bundes (die sogenannten Putbuser Diktate) schrieb. Von 1913 bis 1926 bewohnte die Fürstin Löwenstein das Gartenhaus, weshalb es auch den Namen „Villa Löwenstein" erhielt.

In dieser Zeit (1918) erfolgten verschiedene Gebäudeergänzungen. Für einige Zeit bewohnte auch Frau von Brockhusen, die Tochter Paul Hindenburgs, die Villa. Nach 1945 wurden hier zunächst Evakuierte untergebracht, dann wurde das Gebäude an eine Weberei vermietet. Ab 1957/58 nutzte man das Rosencafé als Dorfladen. Nach der Wende kam das Café in wechselnden Privatbesitz. 2011 übernahm die Familie Raulff das Anwesen und sanierte es ein Jahr lang sehr aufwendig. Seit Mai 2012 ist das Rosencafé Putbus wieder eröffnet und zählt schon jetzt zu einem der beliebtesten Ausflugsziele der Insel Rügen. Die Konditorei, das Café, das Restaurant und der wunderschöne Garten mit den üppig blühenden Rosen in Pink machen diesen Platz zu einem wunderschönen Ausflugsziel.

- Außenterrasse mit Südlage und Blick in den historischen Rosengarten in der Parkanlage Putbus
- Außenstelle des Standesamtes Putbus mit Feiermöglichkeit
- Grillabende mit Livemusik immer montags von Juni bis September
- Pfingstsonntag „Musik im Park"
- Thematische Veranstaltungen an ausgewählten Feiertagen (Osterbrunch, Nikolaus- und Weihnachtsbrunch, Advent im Rosencafé, Krimidinner an Silvester)

Übernachtung
Hotel Badehaus Goor in Lauterbach, www.hotel-badehaus-goor.de

Sehenswertes in der Umgebung
- Markt mit dem kleinsten Theater der Insel
- Residenzstadt Putbus
- Circus mit Obelisken
- Rasender Roland
- Parkanlage nach englischem Vorbild mit alten, seltenen Bäumen (Ginkgo, Mammut etc.) und Tiergehege
- Biosphäre Südostrügen
- Hafen Lauterbach
- Promenade vor dem Hotel Badehaus Goor

Rosencafé Putbus

 Moccavino

Adresse

Alt Reddevitz 18a
18586 Alt Reddevitz
Tel. 038308 66336
sabinepartsch@gmx.de
www.moccavino.com

Öffnungszeiten

Ganzjährig von 11 Uhr
bis Sonnenuntergang,
Di und Mi Ruhetage

Nach einer ausgedehnten Wanderung kommt eine kleine Verschnaufpause im Café Moccavino gerade recht. Es ist wunderschön gelegen, in einem Haus direkt am Wasser auf der Insel Rügen, genau genommen auf der Halbinsel Mönchgut in Alt Reddevitz. Helle Räume mit liebevoller Einrichtung und eine sonnige Terrasse prägen das Café. Die malerische Aussicht und die wohltuende Seeluft versetzen die Besucher augenblicklich in Entzücken. Ein zweites Entzücken stellt sich ein, sobald Sabine Partsch die 14 Zenti-meter hohe, siebenschichtige Torte des Hauses auf den Tisch stellt. Ein Hochgenuss! „Meine Torten machen nicht schlank, aber glücklich", sagt die Inhaberin, die sich mit 46 Jahren den Traum vom eigenen Café erfüllt hat. Die leckeren Kuchen- und Torten-spezialitäten wurden alle von ihr selbst kreiert und selbst gebacken. Dabei achtet sie auf Qualitätszutaten und Roh-stoffe aus bester Herkunft. Neben Klassikern wie Käse-kuchen oder Kaltem Hund (auch bekannt als Kekstorte) sind vor allem die Moccavino-

Torte, die Eierlikörtorte, die Sanddorntorte mit frischen Früchten, die Ehemann Dieter jedes Jahr auf Rügen erntet, die Bernsteintorte mit Mandelboden ganz ohne Mehl, die Kreidefelstorte oder die König-Ludwig-Torte mit viel belgischer Schokolade inselweit bekannt. Gebacken wird nach alter Tradition in einem Backstübchen direkt vor Ort. Wer der Tortenbäckerin aus Leidenschaft einmal in der Küche über die Schulter schauen möchte, darf das gern tun. Zu den Schlemmergenüssen gesellt sich eine Vielzahl an Kaffee- und Teevariationen. Klassiker bis hin zu Kaffeespezialitäten aus aller Welt mit oder ohne „Geist" und diverse schokoladige Getränke sind zu haben. Auch ausgesuchte Weine, die man ganz romantisch am Abend im Sonnenuntergang genießen kann, stehen auf der Karte. Da gute Weine nicht weit reisen müssen, stehen nur Weine aus Deutschland und den europäischen Nachbarländern zur Auswahl. Liebhaber herzhafter Speisen werden ebenfalls fündig. Deftige Genüsse wie die hausgemachte Putbusser Fischsuppe nach einem Rezept der Großmutter oder Flamm- und Zwiebelkuchen aus dem Elsässer Ofen kommen bei Sabine Partsch ebenfalls auf den Tisch.

Plätze
23 Innenplätze
30 Außenplätze

Anfahrt
Von Stralsund nach Bergen, Sellin, Middelhagen, Alt Reddevitz zum Café Moccavino

Extras
- Traumhafte Aussicht aufs Wasser
- Gesunde Seeluft
- Wunderschöne Sonnenuntergänge

Übernachtung
In Lobbe im Haus 29a, zwischen Deich und Wellen (Auskunft erteilt Sabine Partsch)

Sehenswertes in der Umgebung
- Mönchgut
- Kreidefelsen
- Kap Arkona
- Rügens Alleen

Moccavino

 Hofcafé Zur Pferdetränke

Adresse

Dorfstraße 31
17440 Krummin
Tel. 03836 231023
zur_pferdetraenke_
krummin@hotmail.de
www.zur-pferdetraenke-
krummin.de

Öffnungszeiten

Täglich 11 bis 18 Uhr

Plätze

35 Innenplätze
70 Außenplätze

Ein bunt dekorierter, liebevoll hergerichteter Garten, blaue Holztüren und ein hundert Jahre alter Fliederbaum: Wer den Hof des Cafés Zur Pferdetränke in Krummin auf Usedom betritt, fühlt sich sofort wohl in der familiären Atmosphäre, die dieser Ort ausstrahlt – ein urgemütlicher Platz. Seit 2007 betreibt das Ehepaar Ralf und Anke Reschke nun schon sein rustikales Gartencafé mit Hofladen. Es befindet sich in einem ehemaligen Pferde- und Kuhstall, der noch bis in die 1980er-Jahre betrieben wurde. Der Bau ist von einem wunder-schönen Bauerngarten umgeben, in dem sich viele lauschige Plätze zum Ausruhen befinden. Details wie Holzskulpturen, Laternen und Beetarrangements sorgen für ein stimmungsvolles Ambiente. Während man sich von dem sympathischen Team mit leckeren Speisen verwöhnen lässt, kann man die himmlische Aussicht über die Wiesen und Felder genießen. Neben Süßem wie Obstkuchen aus dem Steinbackofen oder Spezialitäten wie Sanddorneis gibt es hier auch jede Menge Herzhaftes: Regionale Leckerbissen wie Fisch- und Schmalz-

brote, Wachteln, Germknödel, Anklamer Bockwurst, Kartoffelsalat, Soljanka, Erbseneintopf, Salate, frisches Brot und köstliches Usedomer Inselbier stehen auf der Karte.

Nach dem Schlemmen kann man gleich noch eine Runde im Hofladen drehen, um sich mit Marschverpflegung aus dem Bio-Sortiment für die Weiterreise einzudecken oder Mitbringsel für die Lieben daheim und natürlich auch für sich selbst einzukaufen. Usedomer Biokäse, Hirschsalami, Wildschweinnackenschinken, Honig, Liköre wie das Krumminer Pferdeblut sowie Marmeladen aus Holunder und Quitten stehen zur Auswahl. Wer dann später zu Hause feststellt, dass die feine Marmelade viel zu schnell zur Neige gegangen ist, kann

auf dem Postweg Nachschub bestellen und so auch noch lange nach der Reise in den Genuss der nordischen Spezialitäten kommen. Auch ein Spielplatz mit Kletterturm und ein Streichelzoo sind vor Ort. Die vielen Tiere bringen nicht nur Kinderaugen zum Strahlen. Auf dem Hof leben Meerschweinchen, Kaninchen, Schafe, Esel, Ziegen, Hunde und Katzen. Die drei Esel Wilma, Willi und Walli sind die Stars des Streichelzoos. Wer etwas zu feiern hat, kann sich ebenfalls an die Reschkes wenden. Familienfeiern und Festlichkeiten lassen sich im Hofcafé Zur Pferdetränke nämlich auch ausrichten. An warmen Sommertagen bieten die Inhaber den Besuchern außerdem das eine oder andere Kulturprogramm.

Anfahrt

Zwischen Bannemin und Wolgast von der B11 in Richtung Krummin abbiegen, Lindenallee bis nach Krummin entlangfahren und dann den Wegweisern bis „Zur Pferdetränke" folgen

Extras

- Hofladen
- Kinderspielplatz mit Kletterturm
- Streichelzoo
- Familienfeiern und Festlichkeiten auf Anfrage
- Musik und Kulturprogramm
- Hofladenbestellungen per Post

Sehenswertes in der Umgebung

- Alte Kirche in Krummin
- Die Lindenallee von Krummin

Hofcafé Zur Pferdetränke

Adresse

Dorfstraße 25
17429 Mellenthin
Tel. 038379 28780
info@wasserschloss-mellenthin.de
www.wasserschloss-mellenthin.de

Öffnungszeiten

Täglich geöffnet,
durchgehend warme Küche
Mai bis Oktober:
11 bis 22 Uhr
November bis April:
12 bis 22 Uhr

Plätze

100 Innenplätze
100 Außenplätze

Anfahrt

Von Berlin A11/A20 bis
Anklam/Abzweigung B110
Richtung Usedom, B110 bis
Abzweigung Mellenthin,
L256 Richtung Mellenthin.
Von Stralsund A20 bis Gütz-
kow (27), B111 über Wolgast
weiter Richtung Insel Use-
dom/Abfahrt Schmollensee
über Pudagla und Neppermin
Richtung Mellenthin

Extras

• Erste Usedomer
  Kaffeerösterei
• Schlossladen mit eigenen
  und regionalen Produkten
• Einzige Schlossbrauerei
  in Mecklenburg-
  Vorpommern mit hand-
  werklich hergestellten

 4 Wasserschloss Mellenthin

Wer eine Leidenschaft für märchenhaft schöne Orte in Kombination mit Kaffee und Kuchen hat, ist im Wasserschloss Mellenthin auf der Insel Usedom genau richtig. Hier verschmilzt die Renaissance mit der Neuzeit zu einer wunderbaren Gesamtkomposition. Die Schlossanlage aus dem Jahre 1575 liegt mitten im Naturpark der Insel Usedom. Das Wort Mellenthin stammt aus dem Slawischen und bedeutet Mittelpunkt. Genau dort, im Mittelpunkt der Insel Usedom, befindet sich das Wasserschloss. Ein toller Platz zum Ausruhen und Innehalten. Hier kann man leckeren Kaffee trinken und Kuchen- sowie Tortenspezialitäten aus der hauseigenen Schlossbäckerei genießen. Das Café wurde sogar schon ausgezeichnet. *Der Feinschmecker* setzte es 2014 auf die Liste der besten Cafés in Deutschland. Probieren Sie unbedingt die köstlichen Waffeln. Sie werden nach einer geheimen Rezeptur in der Waffelbäckerei hergestellt. Neben dem kulinarischen Verwöhnprogramm hat das Schloss Mellenthin aber noch viele weitere Attraktionen zu

Bieren und wechselnden kulinarischen Themenbuffets
• Limonadenmanufaktur
• Hotel- und Wellnessbereich
• Schlosspark

bieten. Hier kann man Urlaub machen, feiern, sich erholen und einiges entdecken. Nach dem süßen Mahl lohnt sich ein Spaziergang durch den Park, in dem es wunderschöne alte Bäume zu bestaunen gibt. Auch die Außenbereiche wie die Freitreppe im Schlosspark und die Terrasse am Schlossgraben der Brauerei laden zum Verweilen ein. Der Brauerei sollten Sie ebenfalls einen Besuch abstatten, denn dort erwartet Sie ein rustikales ritterliches Ambiente mit kupfernen Sudkesseln, uralten Gewölben und natürlich frischem, hausgebrautem Bier. Außerdem gibt es hier Themenabende wie das Mittelalterliche Ritterbuffet, den Piratenabend, den Geisterabend, den Brauerabend, das Pommern-

Buffet, Grill-Events und Sonntagsbrunch zu erleben. Des Weiteren können Feste und Feierlichkeiten im Schloss abgehalten werden. In der ehemaligen Schlosshofkapelle befindet sich die erste Usedomer Kaffeerösterei, in der Rohkaffee aus der ganzen Welt im traditionellen Trommelröster verarbeitet und täglich frisch zubereitet wird. Das Motto der Rösterei: „Ein guter Kaffee muss schwarz wie die Nacht, heiß wie die Liebe und so süß oder bitter wie das Leben sein. Kaffee ist Leben, Kaffee hat Seele." Im Schlossladen können Sie schließlich noch ein wenig einkaufen gehen. Dort gibt es regionale Produkte. Derzeit sind auf dem Schloss noch eine Brennerei und die Hotelerweiterung in Planung.

Übernachtung

Das Hotel ist harmonisch in den Westflügel der Anlage integriert. Die Zimmer sind komfortabel, stilvoll und geschmackvoll mit Liebe zum Detail eingerichtet.

Sehenswertes in der Umgebung

• Weiße Ostseestrände, hohe Steilküsten sowie herrliche Wälder und unberührte Natur
• Das traumhafte Achterwasser
• Grüne Wälder, die zum Wandern und Radfahren einladen
• Europas größte Schmetterlingsfarm
• Das historisch-technische Informationszentrum in Peenemünde

 **Teeschale**

Adresse

Waldstraße 50
18375 Ostseebad Prerow
Tel. 038233 60845
info@teeschale.de
www.teeschale.de

Öffnungszeiten

Mo bis Sa 12 bis 20 Uhr

Plätze

38 Innenplätze
40 Außenplätze

Anfahrt

Von Rostock kommend in
Altheide links abbiegen
auf die Bäderstraße L21,
nach ca. 38 km links nach
Prerow einbiegen und
2 km der Straße folgen

Schon von außen ist die Teeschale in Prerow mit ihren warmen bunten Farben, dem traditionellen Reetdach und der gemütlichen Holzveranda ein Schmuckstück. Das Ehepaar Monika und Henrik Schmidtbauer hat sich mit viel Liebe ein echtes Kleinod geschaffen. Bei dem denkmalgeschützten Haus handelt es sich um einen restaurierten Bau aus dem Jahre 1850. Einst war hier ein Kolonialwarenladen, dann eine Molkerei untergebracht. Zwei gemütliche Stuben und die Veranda laden zum Verweilen ein. Leise knarrende Dielen, alte Tische und Stühle vom Schwiegervater, Keramikvasen und der Duft von Hefekuchen, Tee und Vanille sorgen beim Betreten des Hauses augenblicklich für Wohlfühlstimmung. Wer die Teekarte aufschlägt, ist eine Weile mit Lesen beschäftigt. Ganze 50 Sorten stehen zur Auswahl. Von biologisch angebauten Tees bis hin zu regionalen Teekompositionen aus Kräutern und Früchten ist alles dabei, was das Teeliebhaberherz begehrt. Wer Kaffee bevorzugt, wird aber ebenfalls fündig. Neben himmlischen Torten und Kuchenkreationen gibt

Von Barth kommend über die Meiningenbrücke weiter durch den Wald und entlang des Seedeiches nach Prerow, am Hafen rechts in die Hafenstraße abbiegen, nach ca. 300 m rechts in die Strandstraße, ca. 1,8 km der Straße folgen

Extras

• Teeladen mit Versandoption
• Kulturprogramm im Garten
• Geführte Touren per Kajak oder Fahrrad mit der Firma Darßtour (www.darsstour.de)

Übernachtung

Im Alten Schifferhaus in Wieck (www.altesschifferhaus.de)

Sehenswertes in der Umgebung

• Darß-Museum
• Nordstrand
• Weststrand
• Leuchtturm Darßer Ort
• Darßer Haustüren

es auch deftige Bissen wie gewürzten Schafskäse, Schmalzbrot oder andere kleine Speisen. Bei Sonnenschein genießen die Gäste im Hofgarten zwischen Königskerzen und Stockrosen ihre Teezeremonie. Im Sommer finden hier auch Konzerte statt. Tee war den Schmidtbauers schon immer wichtig, um Menschen miteinander zu verbinden, ob daheim mit der siebenköpfigen Familie am Küchentisch oder im Café. Die Teeschale gleicht einem großen Wohnzimmer, es ist ein Ort zum Klönen und Entspannen. Im Laden nebenan bietet Monika Schmidtbauer über 130 Teesorten an. „Tee tut gut, den Sinnen wie dem Körper, und das erfahren auch viele unserer Kunden. Jeder hat seine geschmacklichen Vorlieben, darum halte ich ein breites Angebot bereit", erklärt die Inhaberin. Empfehlungen gibt sie natürlich auch. Wenn man an einem Wintertag so richtig durchgefroren ist, soll der „Leuchtturmwärtertrunk" aus grünem Tee mit Zitronengras, Imkerhonig und Kümmel Wunder wirken. Wer seinen Tee auch nach dem Urlaub trinken möchte, kann aus der aktuellen Teeliste auswählen und sich seine Bestellung nach Hause schicken lassen. Alle, die vor Ort noch mehr über den Darß und die wunderschöne Landschaft erfahren möchten, können sich Henrik Schmidtbauer anschließen. Er bietet geführte Touren per Kajak oder Fahrrad an.

 Café Namenlos

Adresse

Dorfstraße 44
18347 Ahrenshoop
Tel. 038220 606200
info@hotel-namenlos.de
www.hotel-namenlos.de

Öffnungszeiten

Täglich von 8 bis 22 Uhr
Küchenschluss: 21 Uhr

Plätze

Etwa 60 Plätze

Wellen beobachten, dem Rauschen des Meeres lauschen und am Strand entlangspazieren – Urlaub an der Ostsee ist wunderbar wohltuend. Auf dem Fischland/Darß ist das Zusammenspiel der Naturgewalten besonders beeindruckend. Und weil man sich von dem gigantischen Anblick der See nur allzu schwer trennen kann, wählt man am besten gleich ein Café mit Seeblick, damit man nichts verpasst und jede Sekunde am Meer voll ausschöpft. Ob eine Tasse heiße Schokolade an einem kühlen Herbst- oder Wintertag oder eine erfrischende, eisgekühlte Limonade im Sommer – ins Café Namenlos in Ahrenshoop kehrt man zu jeder Jahreszeit gern ein. Hier kann man gemütlich drinnen sitzen oder man macht es sich draußen auf der Seeterrasse mit Blick auf das glitzernde Meer bequem. Wer in die Karte mit den süßen Speisen blickt, bekommt große Augen. Dort können Sie aus über 140 hauseigenen Gebäcksorten auswählen. Sehr zu empfehlen ist die Namenlostorte: Hier treffen heller Biskuitboden, zarte Schokoladencreme, ein

Hauch von Hagebuttengelee, umhüllt mit Marzipan und Schokolade aufeinander. In dem ansehnlichen Haus mit traditionellem Rohrdach befinden sich neben dem Café auch ein Restaurant und ein Hotel. Das Café Namenlos ist Teil des Hotelbetriebs der Familie Fischer. In der Küche sorgen mehrfach ausgezeichnete Köche und Konditoren für das leibliche Wohl der Gäste. Die Kost ist bodenständig, regional und die Zutaten stammen von einheimischen Erzeugern. Carly, eine Romanfigur aus der Ostseetrilogie von Patricia Koelle, sagt, dass es dort „Hirschbraten und Kuchen, den du nicht wieder vergessen wirst", gibt. Wer romantische Sonnenuntergänge schätzt, kann es sich am Abend mit einem Glas Wein auf der Terrasse gemütlich machen. Und wenn es draußen klirrend kalt ist, lassen Sie den Tag am knisternden Kaminfeuer ausklingen. Auch Kunst gibt es im Café Namenlos zu sehen. Seit Generationen ist es der Familie Fischer eine Herzensangelegenheit, die Werke der Ahrenshooper Künstlerkolonie zu sammeln und für die Gäste auszustellen. Die Künstler ließen sich beim Malen ihrer Bilder von den kilometerlangen Sandstränden, den Küstenwäldern, den Salzwiesen und dem besonderen Licht der Region inspirieren. Wer nach dem Cafébesuch noch ein bisschen auf den Spuren der Ahrenshooper Künstlerkolonie wandeln möchte, kann das Kunstmuseum um die Ecke besuchen.

Café Namenlos

Cafés von A bis Z

Gespensterwald Nienhagen.

LAND – UND HOFCAFÉS IN SCHLESWIG-HOLSTEIN

Neben Adressen und ausführlichen Wegbeschreibungen zu den vorgestellten
Land- und Hofcafés enthält dieser Führer – übrigens im praktischen Taschenformat –
auch Tipps und Informationen über Sehenswürdigkeiten und Freizeitaktivitäten im Umkreis der vorgestellten Lokalitäten. Übersichtspläne aufgeteilt in Regionen, jeweils am
Anfang der Kapitel, ermöglichen eine schnelle Orientierung und Planung vor jeder Tour.

128 Seiten/broschiert, ISBN: 978-3-8404-3001-5

LAND – UND HOFCAFÉS IN NIEDERSACHSEN

Willkommen in Niedersachsen! Ausführliche Texte und zahlreiche Fotos vermitteln
einen umfassenden Eindruck, was Besucher in rund 35 Land- und Hofacfés erwartet.
In Infokästen sind wichtige Informationen wie Adresse, Anfahrt, besondere
Angebote und Ausflugsziele in der Umgebung kompakt zusammengefasst.
Darüber hinaus werden die entsprechenden Regionen Niedersachsens mit ihren
Sehenswürdigkeiten kurz skizziert.

128 Seiten/broschiert, ISBN: 978-3-8404-3034-3

TORTENGEHEIMNISSE AUS LAND UND HOFCAFÉS

In diesem Buch stellen Landfrauen - allesamt Betreiberinnen von Landcafés - eine
Auswahl ihrer beliebtesten Rezepte und trickreichsten Tortenkniffe vor. Mal findet
sich das von Generation zu Generation weitergegebene Hausrezept, mal die Neu-
kreation aus heutiger Zeit. Ob saftige, saisonale Früchtekuchen, locker geschlagene
Rührteige aus Eierlikör, sahnige Cremekreationen, alkoholische Raffinessen,
locker leichte Biskuits, Schokoladenspezialitäten…

192 Seiten/gebunden, ISBN 978-3-86127-893-1

TORTENTRÄUME AUS LAND UND HOFCAFÉS

Lassen Sie sich von den am besten gehüteten Geheimnissen der Land- und Hofcafés
verzaubern.Jede Menge leckere Tortenideen erwarten Sie exklusiv in diesem Band
der Landküche. Von einfachen Kreationen bis hin zu kleinen Meisterprüfungen und
von traditionellen Rezepten über modernen Tortenzauber ist wieder alles dabei.
Erlernen Sie die neuesten und trickreichsten Tortenkniffe der Landfrauen.

176 Seiten/gebunden, ISBN: 978-3-86127-893-1

HEIKE GÖTZ, RADTOUREN ZWISCHEN DEN MEEREN

Deutsche urlauben wieder verstärkt aktiv in eigenem Lad. Besonders beliebt sind
hierbei Fahrradausflüge, und wer wäre da als Reiseführerin besser geeignet als
Heike Götz, die bekannte Fernsehjournalistin und Moderatorin der NDR-Landpartie?
Auf 12 Lieblingsradtouren fährt sie mit ihrem Fahrrad quer durch Schleswig-Holstein
und führt auf jeder Strecke zu Sehenswürdigkeiten und lohnenden Ausflugszielen.
Außer den am Weg liegenden Sehenswürdigkeiten gibt es auf jeder Strecke auch
die besonderen "Heike-Tipps", die man nicht verpassen sollte

128 Seiten/broschiert, ISBN: 978-3-8404-3013-8

CADMOS www.cadmos.de

Cadmos Verlag GmbH | Röntgenstraße 24 | D-21493 Schwarzenbek | Tel. +49 (0)4151/87907-0 | Fax +49 (0)4151/87907-12